AF452144

SOUS LES AUSPICES
DE LA SOCIÉTÉ ACADÉMIQUE D'AGEN
ET LA SOCIÉTÉ DE VESINS

Le Livre de Saint Phébade

CONTRE LES ARIENS

*Nouvellement édité d'après le manuscrit de Leyde, avec fac-similé,
notice biographique, introduction, traduction et notes*

Par A. DURENGUES

Chanoine d'Agen

AGEN
IMPRIMERIE F. LABORDE, BOULEVARD DE LA RÉPUBLIQUE
—
1927

Ill. ac. RR. in Christo Patri

DD. Pavlo Carolo Sagot du Vauroux

Societatis de Vesins

Fundatori et Patrono

Magnifico

Opusculum hoc piissime restitutum

B. Phœbadii Episcopi

SS. Antistitum in serie Agennensium

Primi Ultimo

Editor humilis

Reverenter ac peramanter

Vovet et dicat

A. D.

Le Livre de saint Phébade
CONTRE LES ARIENS

Édité d'après le manuscrit de Leyde, avec notice biographique,
fac-simile, traduction et notes.

I. NOTICE SUR SAINT PHÉBADE

ÉVÊQUE D'AGEN

Que saint Phébade — le premier évêque connu et certain d'Agen — ait tenu, sur la scène du monde, un des premiers rôles, à une époque pourtant fertile en grands hommes, rien n'est plus vrai, bien que l'Histoire le dise moins qu'elle ne le donne à penser. On sait qu'il fut l'âme de plusieurs conciles, soit qu'il y ait paru le chef du parti catholique comme à Rimini en 359, soit qu'il y ait présidé comme à Valence en 374 ou à Saragosse en 380. (1)

Ses contemporains, amis et adversaires, lui ont rendu un éclatant témoignage. Sulpice Sévère, son diocésain, a fait son éloge, (2) saint Jérôme l'a placé dans son Panthéon des hommes illustres, (3) l'auteur (Auxence de Dorostorum, ou Maximin ou tout autre) des *Fragments Ariens* (4) le met au rang des Ambroise et des Hilaire, et le désigne expressément comme le compagnon du grand évêque de

---

(1) Mansi, *Concil. ampl. coll.*
(2) *Chron.* II, 44.
(3) *De viris illustribus,* CVIII.
(4) Découverts et publiés par le cardinal Mai (*Script. vet. nova Coll.*, III, Rome, 1882, II° part. p. 208-237· Migne, P. L. XIII. 593-608). Le manuscrit qui les contient est un palimpseste célèbre du IV/V° siècle, d'une belle onciale. — Le fragment XVIII qui cite Phébade, répond aux pages 19-20 du manuscrit (*Ambros.* E 147) et à la page 236 de l'édition de *Mai.*

Poitiers. (5) Il est non moins avéré qu'il entretenait, avec l'évêque de Milan, des relations d'amitié. (6)

Cependant sa gloire fut surtout viagère. Fréculfe le cite encore au IX° siècle et le compare à un astre étincelant. (7) Puis c'est l'abîme du silence. Le malheur veut que Phébade, écrivain de génie, n'ait fait que de ces petits livres qui, en général, ont de courts destins, tandis que ses illustres émules, grâce à leurs volumineux ouvrages, ont triomphé de l'oubli. Lui, qui un moment, en plein IV° siècle, fut le premier évêque des Gaules et même de l'Occident, puisqu'on l'a comparé à Osius, (8) sortit si vite de la mémoire des hommes qu'il faillit perdre jusqu'à son nom.

Jamais nom, en effet, n'a été plus mutilé. (9) C'est que les copistes de manuscrits, auxquels il ne disait rien, l'écrivaient manifestement au hasard. A Agen, dans la propre église du saint, on lui substitua de bonne heure celui de *Fedarius*, (10) gardeur de brebis, (11) *pastor ovium*, comme dit l'Evangile. (12) Il parut, sans doute, que le nom d'un évêque, d'un grand et saint évêque, devait plutôt évoquer l'idée du Bon Pasteur que celle d'Apollon. Ceux des

---

(5) Item Fœbadi Aquitani Sociq (ue) Hilari. (Fr. 18).

(6) Ambr. epist. 87, app. tom. II p. 1106.

(7) *Chroniccn*. Tom. II, liv. V, C. 3.

(8) Dom Rivet, *Hist. littéraire de la France*, t. I partie 2.

(9) Nous ne donnerons que quelques exemples. Le de *Viris ill.* de saint Jérôme, porte : *Sœbadius.* « Qui error, dit Jos. Scaliger, irrepsit ex Sophronio ubi legitur SOIBADIOS . » (*De emend. temp. — Prolegom.*) Des manuscrits et anciennes éditions de Sulpice Sévère donnent : *Fœgadius, Sœguadius, etc.*, des lettres de Saint-Ambroise : *Segatius,* FYGADIO, SEGATIO et même SŒGARIANO; des actes du concile de Saragosse : *Filadius,* SIRADIUS ; de Fréculfe : *Tœbadius,* etc, etc...

(10) Cf. Livres liturgiques de l'Eglise d'Agen.

(11) *Fedarius.* — Etym.) *feda*, brebis, | gardeur *arius*, suffixe marquant le métier | de brebis

Nota. — *Caprasius*, le nom du premier martyr d'Agen, a la même signification.

(12) Joann. X, 2.

Princes des Apôtres n'avaient-ils pas été, par Jésus lui-même, saintement changés et modifiés ? Que ne pouvait-on pas oser après de tels exemples et de tels précédents ?

Quand s'opéra cette métamorphose, il est difficile de le préciser. Peut-être remonte-t-elle à ces V° et VI° siècles pendant lesquels tant d'évêques, surtout dans les Gaules, mécontents de leurs noms païens, s'en forgeaient d'autres de toutes pièces, et se faisaient appeler, par exemple · *Quod vult Deus, Servus Dei, Adeodatus, etc.* Mais ce n'est là convenons-en, qu'une conjecture basée sur l'esprit du temps.

En tout cas la graphie *Fedarius*, usitée dans nos anciens Livres liturgiques, ne peut être que très ancienne. Elle a donné sûrement la forme romane *Fiari*, (13) nom populaire du saint jusqu'au XVII° siècle, ce qui lui assigne une origine

---

(13) On lit dans *Lou Tresor dou Felibrige* de Frédéric Mistral : « *Fiàri* (rom. *Fiary, Rhiary*, b. lat. *Phœbadius*) n. d'h. Phébade, nom d'un saint qui fut évêque d'Agen au IV° siècle. — Les Agenais croient à tort, selon nous, que *Fiari* est la forme populaire de *Phebadius*. Il serait plus naturel de rapporter *Fiàri* au lat. *Fedarius*, nom d'un saint qui fut aussi évêque d'Agen. » — Mistral se trompe en faisant de *Phebadius* et de *Fedarius* deux personnages différents, mais il a raison de faire dériver *Fiàri* de *Fedarius*, comme nous allons le démontrer.

Passage du lat. *Fedarius* au rom. FIARI

ius final devient couramment *i* en roman-provençal. C'est sur la désinence du cas régime *(ium)* que la transformation s'est produite. Le rom. prov. est trop caractérisé par les sons brillants pour avoir pu conserver la double consonance assourdie de $u = ou$ et de *m*.

Fèdarius, au cours de son passage à *Fiàri*, a dû prendre d'abord la forme *Fèàrius*, par la chute du *d* médial venant entre deux voyelles dont la première accentuée. Ce cas est fréquent, dans la transformation du latin, pour les diverses langues romanes.

Il est ensuite passé à *Fèàrius*, la voyelle accentuée *è* s'étant transformée en brève par suite de sa position immédiate devant la longue *à*, transformation ayant pour cause la dureté produite par les deux sons longs successifs. Sous l'influence de cet *à* qui tend à marquer son accentuation, *è* devenant de plus en plus bref, a descendu l'échelle vocale pour devenir *i* : d'où la nouvelle forme *Fiàrius*. Dans le dialecte agenais en particulier, ce phénomène s'est produit avec tant d'intensité que la prononciation a, pour ainsi dire, incorporé *i* à *à* et ne fait qu'une seule émission à peu près semblable à la prononciation française des mots *yacht, yatagan*.

fort reculée. C'est Joseph Scaliger qui a imposé la forme savante *Phœbadius*, *Phébade*, qui a prévalu depuis *Orthographia* est, dit-il, *Phoibadios, Phœbadius* (14)

Utinam, s'écrie Théodore de Bèze, *de solo nomine controversia esset. !* (15) En effet, presque tout est incertain dans la vie de Phébade. Ainsi l'on ignore la date précise de sa naissance. Cependant si l'on considère qu'au témoignage de saint Jérôme, il était arrivé en 392 à une extrême vieillesse, (16) on conviendra qu'il a dû naître dans la seconde décade du IV° siècle ou environ, vers ce moment décisif et glorieux où le grand Constantin donna la paix à l'Eglise par son édit de Milan (313), acte qui marque un des plus grands tournants de l'Histoire et dont le monde chrétien fêtait naguère, avec tant d'allégresse le seizième centenaire.

Quelques-uns, avec Baronius, placent son berceau en Espagne, d'autres en Grèce. *Quare aut quo auctore ?* (17) demande J. J. Scaliger. Peut-être l'a-t-on cru Espagnol parce qu'il avait présidé à Saragosse un concile particulier? Comme Phébade a présidé de même, à Valence dans les Gaules, un autre concile, l'argument tombe de lui-même. D'ailleurs Sulpice Sevère dit formellement que les Evêques d'Aquitaine assistèrent à ce concile de Saragosse.(18) Il est vrai que les auteurs de l'*Histoire littéraire de la France* et du *Gallia Christiana*, tout en affirmant la nationalité gauloise de notre saint, avancent que « les évêques d'Aquitaine étaient alors du département de l'Espagne », (19), et que, par suite, l'Agenais dépendait de cette péninsule. (20) C'est une erreur. L'Aquitaine, dans laquelle l'Agenais fut toujours enclavé, n'a jamais appartenu à l'Espagne, elle faisait alors partie des Cinq Provinces des Gaules.

------

(14) *De emendat temp· — Proleg.*
(15) *Contra Arrianos. — Epist. ded.*
(16) *De viris i lust.,* C. CVIII.
(17) *De emendad. temp. — Proleg.*
(18) *Hist. Sacr.* lib. II. C. 47.
(19) Tom. I, part. II, p. 35.
(20) Tom II. col. 895. — Edit de 1720.

Quant à ceux (21) qui assignent à Phébade une origine grecque, ils ont été trompés par son nom qui est grec en effet. (22) Mais ils auraient dû ne point perdre de vue qu'à cette époque, dans les Gaules et surtout en Aquitaine, rien n'était plus commun que les noms de ce genre. « Ils y étaient fort populaires », dit M. Camille Jullian. (23) Outre Phébade, les Hilaire, Phœbitius, Alèthe, Musée, Anastase, Eucher, Delphide, Dyname, etc., tous noms de résonance grecque, remplissent notre littérature de l'époque.

Aussi bien la culture du saint est latine et non pas grecque. Son maître n'est pas Origène qu'il a connu cependant, mais Tertullien auquel il emprunte une foule d'expressions, des phrases entières et jusqu'à son vocabulaire spécial. Quand il cite la sainte Ecriture, ce n'est pas d'après la version des Septante comme les Grecs, mais d'après l'Ancienne Italique comme les Latins de son temps. Tout cela n'a pas échappé à la plupart des critiques qui ont retranché des œuvres de saint Grégoire de Nazianze, où il s'était indûment glissé, le traité de Phébade, *de Fide orthodoxa*, par la raison que « cet ouvrage est originairement latin, et que la simple lecture révélait un auteur latin à l'exclusion d'un grec. » (24)

On s'accorde plutôt à le faire naître non seulement en Gaule, mais en Aquitaine et même dans cette cité d'Agen où il devait accomplir le cours de son existence. L'Agenais Sulpice Sevère l'appelle *noster Fœgadius*, (25) notre Phé-

---

(21) Argenton, par exemple, qui écrit : « Le commerce attirait alors plusieurs Grecs dans notre Province et le père de Saint-Phébade pouvait s'être établi à Agen. » *Catalogue* ms.

(22) On trouve dans Euripide et dans Plutarque le nom de Phœbadios, qu'on donnait à celles qui mettaient en vers les oracles de la Pythie de Delphes. Ce n'est point Apollon, dit Plutarque, qui compose les vers des oracles, c'est lui qui donne aux Phébades le mouvement selon qu'elles sont disposées à le recevoir. (*Mémoire de l'Acad. des Belles Lettres*, t. IV, p. 259. — Citation d'Argenton).

(23) *Hist. de la Gaule*, t. VI, p. 519.

(24) *Hist. litt.* loc. cit. p. 273.

(25) *Hist. sacra* loc. cit.

bade, semblant le désigner ainsi comme son compatriote. A défaut de renseignements plus positifs ou plus précis, ne convient-il pas de s'en rapporter aux mœurs et aux usages du temps ? C'est le clergé et le peuple qui, à cette époque, élisaient les évêques et leur choix se portaient naturellement sur les prêtres qu'ils connaissaient le mieux, c'est-à-dire sur ceux de leur propre Eglise. (26) Voyez saint Athanase et saint Cyrille à Alexandrie, saint Grégoire à Nazianze, saint Basile à Césarée, saint Hilaire à Poitiers, plus tard saint Rémi à Reims, etc. « Il fallait, dit saint Athanase, choisir les gens du lieu plutôt que les étrangers ».

La famille de Phébade nous est encore plus inconnue. Etait-elle païenne ou chrétienne, patricienne ou commune, riche ou pauvre, illustre ou obscure ? Mystère. On peut conjecturer cependant de l'éducation que reçut notre saint qu'elle appartenait à un milieu social relativement élevé. S'il est permis de juger un auteur non pas tant d'après le nombre et l'étendue de ses ouvrages que d'après la perfection de leur forme, l'Evêque qui a signé le *Contra Arianos* et le *de Fide*, doit être placé au premier rang parmi les écrivains de ce IV⁰ siècle, l'un des plus beaux de la littérature chrétienne. Il n'a pas eu de rival dans les Gaules, et saint Hilaire lui-même lui cède le pas. Or on n'arrive pas à ces sommets sans une forte et brillante culture.

Quel collège eut la gloire de le former ? Il y a bien quelques indices qu'Agen possédait alors une école de belles-lettres et d'éloquence. Ce passage d'une lettre de Sidoine Appolinaire à son ami Lupus semblerait l'indiquer : « Chez les Agenais vous faites revivre Drepanius... S'agit-il de belles lettres, les Agenais retrouvent en vous leur Alcime. (27) ». Lupus que quelques-uns, sans raison sérieuse, ont fait évêque d'Agen et même canonisé, enseignait donc, avec gloire, la rhétorique dans Agen au V⁰ siècle. Mais peut-on aller jusqu'à croire qu'il aurait eu.

------

(26) Cf. Greg. Turon., *Hist.* L. X, C. 3. — Fleury, *Mœurs des Israélites et des Chrétiens*, p. 255.

(27) Sid. lib. VIII, ep. II.

— 13 —

comme prédécesseurs dans sa chaire, ses deux illustres compatriotes, Latinus Pacatus Drepanius que son panégyrique de Théodose-le-Grand a rendu immortel et Latinus Alcimus Alethius qu'Ausone et saint Jérôme portent aux nues comme professeur d'éloquence ? Peut-on inférer de là que l'Ecole d'Agen existait dès les premières décades du IVe siècle ? Dans ce cas, selon toute vraisemblance, elle aurait compté Phébade parmi ses élèves et même plus tard, parmi ses professeurs, si l'on admet avec A. Baillet, (28) avec Labrunie (29) que notre saint aurait eu pour disciple, pendant quelques temps, Sulpice Sévère. Cette dernière opinion, qui n'est fondée, semble-t-il, que sur le *noster Fœgadius* de *l'Histoire sacrée*, est, nous l'avouons, assez mal étayée. Cependant il y a dans les écrits de Phébade, telles périodes étudiées, telles comparaisons et telle allure de style qui semblent déceler le rhéteur, le déclamateur de profession. On dirait, d'ailleurs, que, devenu évêque, il fait tous ses efforts pour se dégager d'un passé qu'il juge, à tort ou à raison, compromettant. Ainsi il ne veut pas qu'on le fasse parler comme les gram·mairiens, *ut grammatici tradunt* ; il affecte d'ignorer la sagesse humaine, *nos sapientiam non hujus mundi...* *novimus*; il se pose en adversaire des philosophes, *viderint philosophi,* enfin il donne au diable les ergoteurs d'école, *academicus disputator abscedat,* et, comme on lui repro·chait d'être lui-même un de ces ergoteurs, il s'en défend avec énergie, *nec, ut ipsi putant, academicus disputator assisto.* (30) Ce reproche même n'est-il pas significatif ?

Si l'on n'a que ces quelques conjectures de l'existence d'une école de belles-lettres dans Agen au commencement du IVe siècle, il est du moins très certain que le collège de Bordeaux, notre métropole, brillait déjà depuis longtemps d'un vif éclat. « Ce collège était sans contredit, un des plus brillants que l'on vît alors dans les Gaules. C'est

---

(28) *La vie des Saints,* L. III, Paris, 1793.

(29) *Abrégé chronologique des Antiquités d'Agen.*

(30) *De fide orthodoxa,* passim.

l'idée qu'Ausone, qui en fut un des plus beaux ornements, nous donne par les éloges qu'il nous a laissés des Professeurs qui y enseignaient en ce siècle... Il s'était fait une réputation si éclatante que les savants des pays étrangers y venaient quelquefois chercher de l'emploi, et que les autres villes des Gaules et même celles de Rome et de Constantinople voulaient avoir ou de ses Professeurs ou au moins de ses Elèves pour enseigner chez elles. » (31) C'est lui qui créa, pour une large part, avec les autres collèges de Trèves, d'Autun, de Toulouse, de Lyon, de Besançon, de Marseille, d'Arles, etc., ce magnifique mouvement littéraire qui fut l'honneur des Gaules au IV⁴ siècle et qui devait arracher à saint Jérôme ce cri d'admiration : *Studia Galliarum quæ vel florentissima sunt.* (32)

Il est tout naturel de penser qu'à défaut de ressources dans sa ville natale, Phébade se soit fait inscrire parmi les élèves de cet établissement fameux. Il aurait eu alors, pour condisciple, Ausone qui était à peu près de son âge, et, pour maîtres, Thalasse, Phœbitius, Concordius, Macrinus, Sucuro dont ce même Ausone a célébré les mérites divers. Peut-être faut-il faire remonter jusque-là son amitié avec saint Delphin, évêque de Bordeaux, amitié qui nous est connue par une lettre de saint Ambroise, leur ami commun. Ainsi saint Grégoire de Nazianze et saint Basile se lièrent, aux écoles d'Athènes, d'une affection qui est restée célèbre.

Quoiqu'il en soit, avant d'être prêtre, Phébade, chrétien dès sa naissance ou païen converti, dut recommencer sinon refaire son éducation. Pour entrer dans le Clergé de son temps, il n'était pas nécessaire d'être versé dans les sciences profanes. On avait encore, pour ainsi dire, sous les yeux, l'exemple des Apôtres et de leurs successeurs immédiats « qui avaient des moyens de persuader que la Grèce n'enseigne pas et que Rome n'a pas appris. » (33) Mais il fallait connaître à fond la Bible, jusqu'à la savoir

---

(31) *Hist. litt.*, part. II, t. I, p. 13.
(32) Ep. 35.
(33) Bossuet, *Panégyrique de Saint-Paul.*

par cœur, afin d'y trouver les preuves de la foi chrétienne et les règles des mœurs et de la discipline. Les œuvres de Phébade, qui sont comme une éloquente paraphrase de l'Ecriture, montrent assez qu'il avait étudié les Lettres sacrées avec non moins de succès que les profanes.

On ne sait pas non plus à quelle date exacte il fut élevé à l'Episcopat. Tillemont et ensuite les auteurs du *Gallia Christiana* et de l'*Histoire Littéraire* ont pensé qu'il n'était pas encore évêque en 347, parce que son nom ne figure pas parmi les souscriptions du concile de Sardique tenu cette année-là. Il l'était sûrement en 358. C'est l'année où parut dans les Gaules le second formulaire de Sirmium. Or le traité qu'il publia aussitôt contre ce manifeste arien porte en tête son nom avec le titre d'évêque.

Devons-nous le considérer comme le premier évêque d'Agen ? Sur quelques listes de nos évêques figurent, avant le sien des noms — saint Caprais, saint Vincent, Auxibius — que n'admet point une judicieuse critique. Il est impossible cependant qu'une communauté chrétienne dont la création est attribuée à saint Martial, l'un des premiers apôtres des Gaules ; qui, pendant les dernières persécutions, avait affirmé sa vitalité en donnant au Christ des martyrs comme Foy, comme Caprais et une foule d'anonymes, soit restée sans chef jusqu'au milieu du IV° siècle. Phébade n'est donc pas le premier évêque d'Agen mais il en est le premier évêque connu et incontesté. Ainsi en ont jugé Argenton (34), Labrunie (35), l'abbé du Tems (36), de nos jours, Mgr Duchesne (37).

Au moment où notre saint accédait à l'épiscopat, l'Eglise des Gaules était fortement battue en brèche par l'Arianisme. Protégée par l'Empereur Constance, cette hérésie faisait, depuis quelque temps, dans cette partie de l'Empire, de rapides progrès. Déjà elle était maîtresse de la Narbonnaise où dominait Saturnin, évêque d'Arles, le

---

(34) *Mémoire sur l'épiscopat de Saint-Caprais.*

(35) *Abrégé chronologique,* p. 358.

(36) *Clergé de France* tom. II.

(37) *Fastes épiscopaux.*

chef du parti arien dans le pays et elle avait pris pied jusqu'en Aquitaine où elle comptait parmi ses plus fervents adeptes, Paterne, évêque de Périgueux. En 353, saint Athanase, l'apôtre de la Consubstantialité, avait été condamné dans un synode tenu à Arles, en présence de l'Empereur. Au cours d'un autre conciliabule, tenu à Béziers en 355, saint Hilaire, évêque de Poitiers et Rodane, évêque de Toulouse, avaient été condamnés à l'exil. La terreur régnait chez les Catholiques. L'ambition et la crainte, nous apprend Phébade, entraînaient de nombreuses défections. Avec cela les Ariens se livraient à la plus active propagande, ils inondaient le pays de leurs écrits — *cum nonnullorum ex iis... scripta teneantur* — et ces écrits arrivaient de tous côtés — *ab oriente et occidente*. (38)

Lorsqu'ils crurent l'opinion suffisamment préparée, ils résolurent de porter le coup décisif. A cet effet, les principaux chefs du parti, Ursace, évêque de Singidon, Valens, évêque de Murse, Germine, évêque de Sirmich, Potame, évêque de Lisbonne et, sans doute, quelques autres, se réunirent à Sirmium ou Sirmich, ville de Pannonie, en un simulacre de concile. Là ils composérent d'après un savant dosage et un art subtil, une confession de foi — *fides* — qui renfermait l'hérésie sous des termes en apparence inoffensifs. La pièce fut revêtue du grand nom d'Osius. Pour obtenir l'adhésion de l'évêque de Cordoue qui jouissait alors, dans toute l'Eglise, de l'autorité morale la plus considérable, les *très saints Pères de Sirmich* n'avaient pas craint, dit-on, d'abuser soit par des menaces, soit par la corruption, d'un vieillard presque centenaire. A cette manœuvre ils ajoutèrent une supercherie dont ils n'attendaient pas un moindre succès. Ils eurent l'audace d'expédier dans les Gaules, à l'insu de Constance, par les messagers du Prince — *cursores publici* — leur confession, comme si elle était d'ordre de l'Empereur. Ils répandirent également le bruit qu'il y avait menace d'exil pour ceux qui refuseraient d'y souscrire.

---

(38) *Traité* contre les Ariens.

L'effet produit fut immense. D'après saint Phébade, presque tous les esprits furent séduits, la vérité fut comme étouffée, l'hérésie était prise pour la vraie foi et la vraie foi condamnée comme hérésie, · et l'on se trouva réduit à cette extrémité ou bien d'embrasser l'hérésie si on voulait passer pour catholique ou bien de n'être plus vraiment catholique si l'on ne rejetait pas l'hérésie. (39) Notre saint ne voulut pas cesser d'être catholique et il publia alors son traité contre les Ariens, excellent petit livre, dit Bèze, (40) illustre monument des évêques de France, dit Tillemont, (41) qui pulvérisa la Confession de Sirmich, retourna l'opinion, consola et raffermit l'Eglise des Gaules et changea la face des choses. A partir de ce moment Phébade entre de plain-pied dans l'Histoire et l'on peut déjà prévoir la part prépondérante qu'il prendra quelques mois après au concile de Rimini comme chef de la minorité catholique.

En 359, Constance, croyant le moment venu d'imposer l'Arianisme à toute l'Eglise, indiqua deux conciles : l'un à Séleucie en Isaurie pour les Orientaux, l'autre pour les Occidentaux à Rimini en Italie. C'est dans cette dernière ville naturellement que se rendirent Phébade et ses collègues gaulois. Pour garder leur indépendance, ils déclinèrent l'offre que leur avait faite l'Empereur de prendre à sa charge les frais du voyage.

Les débuts du concile furent glorieux. Sur 400 Pères. 80 seulement étaient ariens. On repoussa d'abord la formule de foi proposée au nom de l'Empereur. C'était la troisième de Sirmich ; elle différait peu de la seconde qu'avait réfutée Phébade. Puis on acclama le symbole de Nicée et enfin les Ariens furent condamnés et déposés.

Furieux de voir son plan ainsi déjoué, Constance envoya au préfet Taurus, le modérateur du concile, l'ordre formel de ne laisser repartir aucun évêque qu'ils n'eussent tous

---

(39) *Traité contre les Ariens.*

(40) *Epître dédicatoire aux seigneurs, pasteurs et fidèles de Pologne.* Genève, 15 aôut 1570.

(41) *Mémoires pour servir à l'histoire ecclésiastique.*

abandonné l'*omoousios* et signé son formulaire. Les derniers dissidents devaient être condamnés à l'exil dès qu'ils ne dépasseraient pas le nombre de quinze.

Ces menaces eurent leur effet. Soit par faiblesse de caractère soit par ennui, la plupart des évêques cédèrent peu à peu. Il n'en resta bientôt qu'une vingtaine dans l'opposition. Phébade était à leur tête. Taurus, à qui l'Empereur avait promis, en cas de succès, le consulat, ne négligea aucun moyen pour triompher de cette infime minorité.

Il vint trouver Phébade, nous dit Sulpice Sévère qui tenait les faits d'un témoin oculaire, de l'Evêque d'Agen lui-même, selon toute apparence. Voyant qu'il n'était pas sensible ni à la crainte ni aux menaces, il l'attaqua par ses prières, ses larmes, ses raisonnements. Il le supplia en pleurant de se laisser mieux inspirer. Voilà sept mois, (42) disait-il, que tant d'évêques sont enfermés dans une ville où ils manquent de tout, où ils sont exposés à toutes les rigueurs de l'hiver et ils n'ont aucun espoir de s'en retourner. Quelle sera donc la fin de tant de maux ? Pourquoi ne pas suivre l'exemple de la majorité et ne pas se rendre à l'autorité du plus grand nombre ?

Phébade répondit qu'il était prêt à partir pour l'exil et à subir tous les supplices que l'on voudrait, mais qu'il ne recevrait jamais une profession de foi faite par les Ariens. (43)

A la rigueur, pour un bien de paix, avec un extrême regret parce que c'était le mot de Nicée, il consentait à sacrifier l'*omoousios* pourvu que le sens fût en sûreté. Il ne le regardait pas comme tellement essentiel qu'on ne puisse parler d'une manière catholique sans l'employer. (44) «On peut, pensait-il avec saint Hilaire, le recevoir avec piété et le supprimer avec piété. » Mais pour le formulaire, il demeurait irréductible.

C'était l'impasse. Pour en sortir, les chefs du parti arien, Ursace et Valens, tentèrent auprès de l'évêque d'Agen, une suprême démarche. S'étant rendus chez lui,

---

(42) Le concile s'était ouvert au mois de juin.
(43) Sulp. Sévère, *Hist. sacr.* L. II, cap. 54 et ss.
(44) Hil. *de Syn.* — Lettre aux évêques des Gaules.

ils lui remontrèrent qu'on ne pouvait, sans crime, rejeter une profession de foi très catholique, produite, disaient-ils faussement, par les évêques d'Orient, de l'autorité de l'Empereur. Comment, ajoutèrent-ils, pourraient finir les divisions si les Occidentaux s'obstinaient à rejeter ce que les Orientaux avaient approuvé ? Ils allèrent jusqu'à dire à Phébade que si le formulaire proposé n'était pas assez clair et assez formel, il pouvait y ajouter ce qu'il voudrait, promettant de leur part d'y consentir.

Notre saint saisit aussitôt cette proposition comme une planche de salut. Il vit là le moyen de sauvegarder la foi orthodoxe si fortement comprise en apparence. Il produisit donc toute une série de déclarations complémentaires et explicatives qui ne seraient, paraît-il, que les anathèmes que rapporte saint Jérôme. Ce Père avait sous les yeux les actes du concile de Rimini, qui étaient alors dans les archives des églises, mais qui ne sont point parvenus jusqu'à nous. Par ces déclarations, qui furent approuvées par tout le concile, l'évêque d'Agen allait ramener la victoire dans le camp des catholiques, lorsqu'une manœuvre déloyale d'un Prélat arien compromit un triomphe déjà assuré.

Tel est bien le rôle de Phébade au concile de Rimini. Il n'en est pas de plus noble et de plus glorieux. A l'époque moderne des détracteurs se sont trouvés qui ont pensé le rabaisser et le dénaturer. On a parlé de la chute de Phébade comme de la chute du pape Libère. Mais l'histoire a vengé ces deux grands calomniés: Elle atteste que le héros de Rimini ne cessa de jouir pendant sa vie du plus grand prestige. Ainsi le voyons-nous présider en 374, le concile de Valence. « On fit dans ce concile, dit Argenton plusieurs canons de discipline qui ont été célèbres dans toute l'Eglise. Nous ne les avons plus aujourd'hui sous le nom de ce concile, parce qu'ils furent insérés dans les actes de plusieurs autres qui les adoptèrent. Ces règlements précieux, quelquefois désignés sous le nom de *Statuts de l'Eglise primitive*, sont un monument de la sagesse de saint Phébade, qui fut l'âme de ce concile auquel il présida. » (45)

______

(45) *Catalogue des Evêques* ms.

Il assista en 380, avec les mêmes honneurs, au concile de Saragosse qui condamna le Priscillianisme. Il s'y rencontra avec saint Delphin, évêque de Bordeaux. Les deux Prélats étaient amis si intimes que dans une lettre commune qu'il leur adressa, saint Ambroise pouvait leur dire : « Votre sainteté se plaît à voir vos noms unis ; vous ne pouvez souffrir qu'on les sépare tant vos cœurs sont étroitement liés. » (46) Malgré la présence de son métropolitain, notre saint présida encore ce concile. « C'est un rang remarque Tillemont, que la dignité de son siège ne lui pouvait donner, mais le respect pour son âge, sa piété et sa science le lui auront procuré, comme autrefois à Osius au concile de Sardique ». (47) Ce qui encore a fait dire à dom Rivet : « Il fut en quelque manière, dans l'Eglise d'Occident ce qu'était Osius avant sa chute, dans toute l'Eglise catholique, un des principaux appuis de la foi et le Père des conciles. » (48)

Il dut aussi à ses écrits une bonne part de son autorité. Outre le *Contra Arianos* qui fait l'objet de la présente publication, saint Jérôme nous apprend que Phébade avait composé d'autres opuscules. Il ne les cite pas pour ne les avoir pas encore lus. L'un d'eux, le *de Fide*, après être allé grossir les œuvres des Pères les plus divers : S. Grégoire de Nazianze, S. Ambroise, S. Hilaire, S. Augustin, et jusqu'à Vigile de Tapse, n'a été qu'au XVIII siècle restitué à son véritable auteur. (49)

Par la richesse du fond comme par la perfection de la forme, ces deux traités sont des chefs-d'œuvres accomplis et peuvent être considérés comme les perles de la Patrologie latine. On défie bien de trouver dans saint Hilaire ou dans saint Ambroise vingt pages qui puissent leur être comparées pour la finesse, la pureté, l'élégance du style.

---

(46) Amb. epist. 87. — *Opera* t. II, p. 1106.

(47) *Op. cit.*

(48) *Hist. litt. loc. cit.*

(49) Tout récemment encore on a essayé d'enlever, à la couronne de Phébade ce beau fleuron. Cette tentative a été énergiquement repoussée. (Voir la *Question* du de Fide. Agen, 1909.)

Ici la miette de Cellini, là, si l'on veut, le bloc de Michel-Ange. Quant aux idées, toute la pensée chrétienne si féconde et si riche en ce IV° siècle qui fut son âge d'or, y est ramassée et condensée. Avec eux seuls il serait possible de reconstituer, dans ses grandes lignes, toute la controverse arienne. Ils sont si bien placés au premier rang des témoins de la foi catholique que l'Eglise en a détaché une page pour l'insérer dans sa liturgie le dimanche de la Sainte-Trinité. Ils sont si bien comme un microcosme de toute la Tradition sur les dogmes de la Trinité et de l'Incarnation que le créateur de la théologie positive, le P. Péteau, dans son livre *de Trinitate*, les cite au-delà de toute proportion avec les œuvres des autres Pères, même les plus illustres.

Une petite épave, mais combien précieuse, a encore échappé au naufrage des œuvres de Phébade. C'est un symbole, *Fides* ou *Libellus fidei* qu'on ne saurait trop admirer. On ne doit donc pas s'étonner si notre saint a contribué à la rédaction du Symbole dit des Apôtres qui reçut quelques modifications au IV° siècle. « Ce nous est une gloire suffisante que la Providence ait fait choix d'un évêque gallo-romain, Phébade d'Agen, pour ajouter au symbole le mot *conceptus* (*de Spiritu Sancto*) et accentuer ainsi sur les lèvres des fidèles, de toute la suite des siècles, la virginité de Marie dans le mystère de l'Incarnation. » (50)

Chargé d'ans, de mérite et d'honneurs, saint Phébade s'éteignit aux abords du V° siècle, juste à temps pour que la douleur lui fût épargnée — grâce qui manqua à saint Augustin — de voir disparaître à jamais sous le flot des invasions barbares, cette civilisation gallo-romaine, dont il avait été un des plus nobles représentants.

Il fut enterré hors des murs suivant la coutume de l'épo-

<hr>

(50) Chan. Vacandard. — *Revue des Questions Historiques* (1890°-1901). — *Etudes de critique et d'histoire religieuse*, Paris, Lecoffre, 1905. *Les origines du Symbole des Apôtres.*

que. (51) Dans la suite des temps, son corps, comme ceux de nos autres saints, fut enlevé d'Agen, peut-être par mesure de précaution, sous la menace des Sarrasins, Normands ou autres barbares. Bernard d'Angers, qui écrivait en l'an 1012, nous apprend qu'il se trouvait alors à Périgueux. De là, on ne sait ni quand ni comment, il fut transféré à Bénerque, petite ville sur l'Ariège, où il est encore. Son tombeau ne contenait que son chef quand il fut violé par les Huguenots en 1561. (52) La chapelle, qui abritait ce monument, située rue Saint-Fiary, a été elle-même démolie en 1584. (53)

Canonisé par la piété des fidèles, Phébade a toujours été, dans son Église, l'objet d'un culte fervent. Sa fête, pendant de longs siècles, fut célébrée le 25 avril, jour de sa mort. Au XVII° siècle on l'a reportée au lendemain 26, à cause de la concurrence de saint Marc, évangéliste. Une seconde fête, avec procession générale à sa chapelle, se faisait aussi autrefois en son honneur au commencement du carême. (54)

Il y avait dans la cathédrale, sous l'ancien régime, une station établie en 1653 à la suite d'un vœu fait par la Ville d'Agen pour avoir été délivrée de la peste par l'intercession de saint Phébade. Elle était fixée au 26 avril, jour du saint. A ce grand évêque était dédié le Grand Séminaire aujourd'hui désaffecté. Une nouvelle chapelle, construite en 1911 dans le quartier de Sembel, lui est consacrée.

(51) « Jamais aux quatrième, cinquième et sixième siècles, on n'enterrait les évêques dans leur église cathédrale ; c'était un usage constant d'ensevelir leurs corps dans une basilique située en dehors des murs de la ville épiscopale, dans un faubourg et même à une plus grande distance. » (*Hist. du Languedoc*, édit. Privat t. IV, p. 399, note).

(52) Théodore de Bèze, *Hist. ecclésiastique des eglises reformées...* éd. Besson, Toulouse, 1882, t. I. p. 428. — Jacques de Thou, *Historia*, lib. 32, cap. 2. Sur cette relique au temps présent voir *Rapport adressé à Monseigneur l'Evêque d'Agen* par M l'abbé Rumeau, vicaire général et suivi d'une *Ordonnance épiscopale* (8 juin 1885) qui reconnaît l'authenticité de cette insigne relique.

(53) Voir Abbé J.-R. Marboutin, *Démolition de l'ancienne église Saint-Phédade en 1584*. — (*Semaine cath*, n° du 6 mai 1923 et ss.)

(54) Jos. Scaliger, *Præf. de Emendat. temp.*

II. INTRODUCTION

Uniquement préoccupée de garder intact le dépôt qu'elle tenait de ses Pères dans la foi, l'Eglise des Gaules était restée, jusqu'au milieu du IVᵉ siècle, à peu près étrangère aux controverses théologiques qui, depuis longtemps déjà, agitaient l'Orient. Un seul de ses évêques, saint Nicaise de Die, avait assisté au Concile de Nicée. De ce concile, le premier des œcuméniques, saint Hilaire de Poitiers — on aurait peine à le croire si lui-même ne l'avait déclaré (1) — n'eut connaissance qu'en Phrygie, quand il y fut relégué vingt-cinq ans plus tard.

En 353, un autre concile, celui-ci particulier et tenu dans le pays même, à Arles, mit fin à cette heureuse paix. Le but de l'empereur Constance, en le convoquant, était d'entraîner l'épiscopat Gaulois dans l'Arianisme. Cette première tentative échoua à peu près complètement. Trois ans après, nouveau concile à Béziers, nouvel échec. Du coup on exila, comme plus récalcitrants, les évêques de Trèves, de Toulouse et de Poitiers. Il y avait lieu de croire qu'un tel exemple donnerait aux autres à réfléchir et les rendraient plus dociles.

Une troisième offensive, que l'on espérait décisive, ne tarda pas à se produire. Ce fut dans le courant de l'année suivante, 357. Quelques Prélats de l'entourage de l'Empereur, et, comme le Prince, fanatiquement attachés à la faction arienne, se trouvaient alors à Sirmium (Sirmich en Illyrie), avec la Cour. Ils se concertèrent pour dresser une formule de foi (*fides*), qui renfermerait, sous des expressions plus ou moins équivoques, tout le venin de l'hérésie. L'acte fut rédigé par Potamius, évêque de Lisbonne, « homme à tout faire », dit Mgr Duchesne, en présence et

---

(1) « Fidem Nicaenam nunquam nisi exulaturus audivi. » *Lib de Synodis*, nᵒ 91.)

avec la participation d'Ursace, évêque de Singidunum (Belgrade), de Valens, évêque de Mursa (Eszèg), de Germinius, évêque de Sirmium, etc., tous âmes damnées du parti. L'évêque de Cordoue, le héros des conciles de Nicée et de Sardique, le personnage alors le plus en vue dans l'Eglise universelle, le grand Osius, était aussi sur les lieux, mais en exil. On eut la géniale impudence — on devine pourquoi — de lui extorquer sa signature, en abusant par violence, de la faiblesse de ce vieillard centenaire et presque mourant. (1)

Cette confession, ou plus exactement cette déclaration, qui porte dans l'histoire le nom de seconde formule de Sirmium, fut envoyée officiellement aux évêques des Gaules, avec ordre d'y souscrire. Elle fut généralement repoussée. L'évêque d'Agen, Phébade, ne se contenta pas de la rejeter, il lui opposa une vigoureuse réfutation, adressée à ses collègues, (*fratres Karissimi*).

Ce document d'une réelle importance historique, d'une rare valeur théologique et littéraire, le plus ancien d'origine agenaise, est l'objet de la présente publication. On comprend que la Société Académique d'Agen ait eu la pensée de marquer son cent-cinquantenaire par cette édition jubilaire.

II

De fait, le *Liber contra Arianos* — tel est le titre de l'ouvrage — est, dans son genre, un petit chef-d'œuvre qui a emporté, sans exceptions, les suffrages des critiques dans tous les temps. L'auteur vivait encore que saint Jérôme le plaçait dans le panthéon de ses hommes illustres (2). Les Ariens, ses adversaires, le mettaient sur le même pied, dans leurs réfutations, que les Ambroise et les Hilaire. (3) Plus tard, en un siècle barbare, Fréculfe (850) le range encore parmi les personnages éminents qui, à leur époque, brillèrent, dans les églises, comme des astres étincelants, *veluti sidera micantia*. (4)

---

(1) Né vers 256, il mourut le 27 août 357.
(2) *De viris illust*. Cap 108.
(3) *Fragmenta arien.*. P. L. XIII, 626.
(4) *Chronicorum*, t. II, l. V, c. III. Cologne, 1530, in-fol.

Son crédit ne fut pas moins grand parmi les humanistes. Théodore de Bèze, après avoir cité l'éloge du *Contra Arianos* par saint Jérôme, ajoute : *Nec id sane, ut opinor. injuria, quum (nisi vehementer fallor) vix quicquam pressius simul et solidius in Arii dogma dici potuerit ut mihi quidem videatur noster hic Fœbadius, pro temporum illorum ratione, et Hilarium simul et Tertullianum expressisse sed ita ut illius quidem obscuritatem maxima ex parte vita rit, hujus vero duritiem feliciter satis emolivisse videatur : quamvis et ipse attentum ac minime dormitantem lectorem requirat.* (1)

Pierre Pithou a dit du *Contra Arianos* : qu'il surmontait en grandeur de sens la briefveté des paroles et qu'on pouvait l'appeler l'un des plus beaux et résolus traictez de tous ceux qui nous restent des anciens catholiques contre l'hérésie d'Arius. (2)

Avec moins d'autorité, un érudit de Leipsick, Gaspard Barth, a porté sur le même petit livre, ce jugement que l'on voudrait moins dithyrambique et plus nuancé : *Aureolus hic liber.... prorsus singularis et vere gemma omnis hujus generis et argumenti scriptorum est. Paucis verbis plurima obscura clare, involuta argute, dura nervose, absurda potenter, omnia denique impia pie et docte confutans falsa et vera asserens. Ut in omni antiquitate tam paucis paginis tam nobile et eruditum scriptum pro ecclesia Dei, in causa praesertim tanti operis. exstare vix putem Densum probationibus, efficax demonstrationibus, capitale et invictum confutationibus : in quo nec unus quidem apex superfluus vel citra aut ultra rem pareat, etc., etc.* (3)

D'après Tillemont ce « petit traité » est « un illustre monument du courage des évêques de France ». (4) « Il est écrit, dit dom Rivet, avec justesse et précision, sans

---

(1) Epitre dédicatoire aux seigneurs, pasteurs et fidèles de Pologne, omnibus in utraque Polonia, Lithuania, Russia, Livonia, Massovia, coeterisque amplissimi Poloniae regni provinciis... datée de Genève, 25 août 1570.

(2) Discours du 26 mai 1683. Voir plus loin, page 334, note 2.

(3) *In Phœbadium animadversiones.*

(4) *Mémoires pour servir à l'histoire ecclésiastique des six premiers siècles de l'Eglise,* 2ᵉ édit. 1704, p. 427.

que la brièveté que l'auteur s'y est prescrite, le rende obs
cur ou diminue la force des raisonnements. » (1) Jacques
Sirmond en a donné cette appréciation : *Sirmiensem for-
mulam ad Gallos missam per singula capita discutit, fir-
missimis rationibus confutat : ita ut Synodicae concilii loco
Phœbadii liber esse possit.* (2) Aussi bien son neveu, P.
Delalande, a-t-il publié le *Contra Arianos* sous ce titre qui
est évidemment fautif, mais qui souligne l'importance de
l'ouvrage : *Epistola concilii Vasensis* (Vaison) *ad episco-
pos apud Sirmium existentes.* (3)

Nos savants modernes ne sont pas moins favorables
dans leurs appréciations. « Critique très remarquable, très
incisive » écrit Bardenhewer. (4) « Ce livre est écrit, affirme
E. Hennecke, en une langue forte et belle. La position
adoptée est très nette ; il y a de la vivacité avec, par mo-
ments, des poussées d'ironie. » (5) Enfin Mgr Duchesne
n'a pas manqué de signaler fortement la portée historique
de l'écrit et du rôle de notre grand évêque : « Quand arri-
va, dit-il, la déclaration de Sirmium... Phœbadius d'Agen
écrivit pour la combattre... il en publia une critique très
vive, sans se laisser détourner par la recommandation dont
le nom d'Osius paraissait la couvrir. Ses collègues et lui
s'entendirent soit en concile, soit autrement pour la répu-
dier. » (6)

III

Les livres, comme chacun sait, les petits livres surtout,
libelli, ont leurs destins. Les écrits polémiques en particulier n'ont bien souvent qu'une durée ephémère. Il est rare
qu'ils survivent aux circonstances qui leur ont donné lieu.

---

(1) *Hist. litt. de la France*, t. I, part. II, p. 272.

(2) Cité dans AA. SS., t. III, p. 365.

(3) *Conciliorum Antiquorum Gallia a Iac. Sirmondo S. I. editorum Supplementa*,
Lutet. 1886, p. 3.

(4) *Les Pères de l'Eglise.* Edit. française, t. II, 2ᵉ période. par. 65, nᵉ 6.

(5) *Realencyclopadie für protest. Theologie u. Kirche* hsg. V. Albert Hanck,
3ᵉ édition 1904, vol. XV, pages 370-371.

(6) *Hist. anc. de l'Eglise*, t. II, page 284. Voir aussi p. 337.

N'est-ce pas un miracle que le *Contra Arianos* soit, à travers tant de siècles écoulés, arrivé jusqu'à nous ? Il est vrai qu'au XVI° siècle il n'en existait plus qu'un seul exem·plaire connu.

Cet unique témoin textuel de notre document appartient actuellement à la Bibliothèque Royale de Leyde. Il y est classé sous la cote : *Cod. lat. Voss. f. 58. Le Codex*, dont il fait partie, compte 124 feuillets de parchemin et com·prend deux cahiers dont le premier de 116 feuillets (1-116) et le second de 8 (117-124). Chaque cahier représente un manuscrit distinct, d'une écriture assez semblable quoique d'une main différente. Le premier ne nous intéresse pas. (1) Le second est tout entier occupé par le *Contra Arianos*, transcrit à pleine ligne, en écriture souvent continue du IX° siècle. Quelques retouches ou corrections assez insignifiantes, portant surtout sur la ponctuation, ont été effectuées à une époque ultérieure.

C'est Pierre Pithou qui, au XVI° siècle, dénicha à Genève l'oiseau rare. *Venatus est.* Le mot est de Théodore de Bèze et il est aussi juste qu'expressif. « Les Pithou, dit J. Scaliger, sentaient les bons livres de loin, comme un chien un·os; ou un chat une souris. » (2) La trouvaille se fit dans la bibliothèque d'un réfugié berrichon, un certain Germain Colladon. Le fait est ainsi rapporté par Bèze : *Illius (Phœbadü) exemplar... P. Pitheus, ·raræ cujusdam eruditionis homo, et veluti fato quodam ad eruenda vetustatis monimenta natus, quum in doctissimi et amicissimi mei Germa· ni Colladonü, itidem Jurisconsulti, bibliotheca venatus esset, ad me detulit.* (3) Ce Colladon, originaire de La Châtre, s'était réfugié à Genève en 1550, pour cause de religion. Il y termina sa vie en 1594. (4)

---

(1) Il reproduit les Commentaires de Verecundus, de Junca († ca 552), *Super Cantica Ecclesiastica* dont le cardinal Pitra a donné l'édition *princeps* en 1858. (*Spicilegium Solesmense,* t. IV, pages 1-131.)

(2) *Scaligerana,* édit. de 1664, page 168.

(3) *Epître dédicatoire* déjà citée.

(4) Sur ce personnage et ses œuvres, voir J. Senebier, *Histoire littéraire de Genève,* 1876, t. I, pages 343 et suivantes.

Comment, par suite de quels avatars, ce document unique était-il allé s'échouer, loin de tous les anciens foyers intellectuels, dans une « librairie » privée ? L'histoire générale éclaire peut-être ce mystère. A l'époque de la découverte, les monastères étaient un peu partout en France pillés et dévastés par les Huguenots. Il est possible, il est probable même que le *Contra Arianos*, comme tant d'autres manuscrits précieux, fut enlevé à quelque bibliothèque monastique par ces écumeurs d'abbayes et ensuite apporté par eux ou leurs receleurs à Genève, la Rome calviniste. Là ils étaient sûrs d'écouler, en toute sécurité et à bon compte, le produit de leurs vols. N'importait-il pas de délivrer ces trésors « de la captivité du péché et de l'idolâtrie ? »

Notre manuscit ne porte malheureusement ni *ex-libris* ni *explicit*, aucune trace révélatrice de son lieu d'origine. Il paraît cependant « qu'il provenait, sans aucun doute de l'abbaye (pillée en 1567) de Saint-Martin de Massay en Berry, près Vierzon (Cher) ». Dom Pitra avait commencé la démonstration, dom Wilmart l'a achevée. (1) Quant à supposer que « le manuscrit de Leyde pourrait venir, par ses ancêtres, d'Espagne et par delà d'Afrique, grâce, en dernier lieu, à l'entremise de saint Benoît d'Aniane, qui contribua, en 814, à l'établissement définitif de l'abbaye de Massay », (2) c'est là une hypothèse bien fragile et, en tous cas, semble-t-il, assez oiseuse.

Quoi qu'il en soit cette copie, avec quelques autres pièces de valeur, passa, au cours du XVII° siècle, de la bibliothèque des frères Pithou dans celle d'Isaac Vossius. A la mort de ce célèbre érudit (1689) elle fut achetée, ainsi que la collection, (3) par le gouvernement hollandais. Elle

---

(1) *Spicilegium Solesmense*, t. IV, p. 6. — *La Tradition des opuscules aogmatiques Fœbadius, Gregorius Illiberitanus, Faustinus*, Vienne, 1908, pages 4 et suivantes.

(2) Dom André Wilmart, *La Tradition*, etc., page 7.

(3) Dans cette collection se trouve « La Chanson de Sainte-Foi d'Agen », *Cançao de Sancta Fides de Agen*. (*Is. Vossii codex Latinus oct. n° 60.*) Ce manuscrit, dont le sort rappelle celui du *Contra Arianos* est aussi du plus grand intérêt pour les Agenais. Découvert en 1901 par le D° Leite de Vasconcellos (de Lisbonne) et publié par lui en 1902, il vient d'être parfaitement réédité par M. Antoine Thomas. (Paris. Edouard Champion, 1925.)

entra alors dans la Bibliothèque de Leyde qui la possède encore de nos jours. Quelque temps avant la Grande Guerre nous en avons obtenu gracieusement communication à la Bibliothèque municipale d'Agen, où nous avons pu l'étudier à loisir, en vue de la présente édition.

IV

C'est Bèze qui en a donné en 1570 l'édition *princeps*. Dans son Epitre dédicatoire, il se lamente sur l'état du manuscrit criblé de fautes et de fautes souvent irrémédiables. *Illud vero,* dit-il, *mihi vehementer dolet sic fuisse depravatum codicem, quamvis jampridem descriptum, ut ejus vulneribus plurimis et maximis mederi nulla ratione potuerimus.* Et il émet le vœu, qui ne s'est pas réalisé au moins jusqu'ici, de voir apparaître une copie plus correcte: *Utinam.... illius (Fœbadü) liber, brevis quidem ille sed meo judicio egregius, emendatior alicunde prodiret !*

En attendant il dut se contenter, avec l'aide de Pithou, de rectifier le texte là où il pensa pouvoir le faire sans danger. Puis dans une série de notes il proposa, sans préten dre les imposer, des corrections que lui avaient suggérées d'anciennes lectures ou que de sérieuses conjectures lui avaient inspirées. (1) Ces notes sont loin d'avoir résolu — Bèze n'avait pas cette ambition — toutes les difficultés du texte. Mais il est juste de reconnaître qu'il a généralement bien lu et déchiffré l'original et que ses conjectures sont, pour la plupart, dignes de considération.

L'édition de Bèze comprend avec le traité de Phébade, d'autres ouvrages. L'ensemble parut sous ce titre : *Athanasü Dialogi* V *de sancta Trinitate. Basilü Libri* IIII *adversus impium Eunomium. Anastasü et Cyrilli compen diaria orthodoxæ fidei explicatio. Ex interpretatione Theodori Bezae. Fœbadi seu Fœbadü liber contra Arianos. Quæ Athanasü, Anastasü et Cyrilli sunt, et quæ Fœbadü nunc primum eduntur. Anno* MDLXX, excudebat Henricus

---

(1) Theodorus Beza lectori.

Stephanus. - In-8°. — Dans ce recueil le *Contra Arianos*
occupe 27 pages en numérotation propre : Epitre dédicatoire et texte 1-24, notes 25-27.

En 1586 parut à Paris chez Nivelle, une autre collection
d'écrits théologiques généralement attribuée à Pierre
Pithou : *Veterum aliquot Galliae theologorum scripta.*
L'œuvre de l'évêque d'Agen y figure en bon lieu (p.p. 77-
113). On a mis en doute que Pithou soit, au moins directe-
ment, l'auteur de cette publication. (1) Le doute devient
une certitude si l'on considère le titre grossièrement erroné
qu'on y donne au *Contra Arianos : Liber contra Epistolam
sive edictum sub nomine Constantii : emissum in Synodo
Mediolanensi.* Pithou certainement n'a pas écrit cela.
Reste que le texte utilisé par le compilateur est bien de lui.
En effet, *ex ungue leonem.* Il serait insensé de ne pas faire
grand cas de ses leçons. (2)

Un philologue allemand déjà cité, Gaspard Barth,
(1587-1658) donna en 1623, du *Contra Arianos* une édition isolée ainsi intitulée : *Phebadi Aginnensium Galliæ
Episcopi contra Arianos liber. Gaspar Barthius recensuit
et animadversionum librum adjecit.* Francof., typis Weche-
lianis, sumptibus Danielis Ambriorum et Clementis
Schleichü, 1623, in 4°., Barth n'a pas connu le *Vossianus.*
Il n'a fait que suivre, il le dit lui-même, le texte de Pithou
et Dieu sait comme il l'a maladroitement déformé ! C'est

---

(1) Dom Wilmart *op. cit.* p. 3.

(2) Ce n'est pas le seul service que le grand humaniste ait rendu aux lettres agenai-
ses. En 1582 il était procureur général de la Chambre de Justice de Guyenne. Il pro-
nonça à Agen, le 26 mai 1583, à la clôture des séances de cette chambre, un discours
ou « Remonstrance » qui constitue un très curieux résumé de notre histoire locale. « Ce
n'est qu'un abrégé, dit Argenton, où les faits sont rapidement indiqués, mais où l'on
reconnaît une main savante. » *(Tableau historique.)* Cette harangue a été imprimée sous
ce titre : Extraict des Registres de la Cour de Justice, ordonnée dans le Pays de
Guyenne, contenant le dire du sieur Pithou, Procureur général , sur les séances de cette
Cour à Agen, Périgueux... du 25 mai 1583. Bordeaux 1583. in-4°. Elle a été repro-
duite dans : Petri Pithœi opera sacra, juridica, historica, miscellana, Parisiis, ex officina
Nivelliana apud Seb. Cramoisy, 1609, in-4" de 839 pp., plus 4 ff. limin. et 14 ff.
d'index non chiff. La harangue d'Agen occupe les pages 686-697.

ce qu'a démontré de façon péremptoire le Dr Draeseke.(1)
Bien que les remarques de Barth ne soient pas sans intérêt,
son édition ne mérite vraîment pas d'entrer en ligne de
compte.

On doit en dire autant de toutes celles qui suivirent.
Elles ne sont, en effet, que des réimpressions, plus ou
moins fidèles, des deux premières. Le texte de Bèze fut tout
d'abord inséré par Margarin de La Bigne dans la Biblio
théque des Pères (t. v. c. 261), qu'il publia à Paris en
1575. (2) De là il passa dans les Bibliothèques de Cologne
(1618-1622), (3) de Lyon (1677), (4) de Venise (1765), (5).
C'est à Gallandi, éditeur de cette dernière Bibliothèque
que Migne a emprunté le texte encore aujourd'hui usuel
de sa *Patrologie latine* (xx, 13-30). Quant au texte de
Pithou, il a été adopté par Delalande pour son Supplément
aux conciles de Sirmond. (6)

V

Rarissimes, on le comprend, sont aujourd'hui les deux
premières éditions, au fond les seules valables, de Bèze et
de Pithou. Bien des fautes, c'était fatal, se sont glissées
dans leurs multiples réimpressions. Une nouvelle édition
a donc son utilité. Tel est le motif qui nous a déterminé à
l'entreprendre et à la donner au public.

---

(1) *Zu Phœbadius von Agennum. (Zeitschrift für wiss. Theologie*, XXXIII, 1890,
78-98. On a du même auteur : *Phœbadius von Agennum und seine Schrift gegen die
Arianer*, dans *Luthardt's Zeitsch. f. Kirchl. Wissensch. u. Kirchl. Leben*, Jahrg.
1889, Heft VII, S. 335-343 und Heft VIII, S. 391-407.

(2) Bibliotheca veterum Patrum et antiquorum Scriptorum ecclesiasticorum latin,
Paris, 1575, 8 vol. in-fol.

(3) Magna Bibliotheca...primo quidem a Margarino de Labigae... postea studio
doctissimorum Coloniensium Theologorum ac Professorum aucta (t. IV, pars prima,
col. 169), 15 vol. in-fol.

(4) Maxima Bibliotheca, etc... Lyon, 1677, 27 vol. in-fol. L'éditeur, Philippe
Despont, avait pris pour base la Bibliothèque de Cologne.

(5) Bibliotheca...'postrema Lugdunensi longe locupletior atque accuratior, cura et
studio Andreæ Gallandii, presbyteri Congregationis Oratorii, Venetiis, 1765-1781,
14 vol. *in-folio maximo*.

(6) *Op. cit.*

Tâche ardue et périlleuse ! La remarque de Bèze est
trop juste, le manuscrit carolingien, le seul survivant, est
un vrai tissu de fautes, si bien qu'on peut se demander si
n'importe quelle œuvre de l'antiquité a été à ce point mal
traitée. Le copiste, à coup sûr illettré et négligent, a écrit
trop souvent au hasard, peut-être sous la dictée, sans souci
de l'orthographe, selon sa prononciation barbare, mêlant
les cas et les temps, laissant tomber des mots essentiels au sens, même des phrases entières. De plus le
moyen d'amender un tel texte ? Il n'existe pas d'autres
codex qui permettraient, en le collationnant avec eux, de
le guérir de ses tares.

Il y a bien, c'est vrai, les Fragments Ariens. (1) Le XVIIIᵉ
offre un certain nombre de passages du *Contra Arianos*
occupant environ une demi-page et, dans ces citations, on
relève — rien de moindre — une trentaine de variantes.
Mais *quid haec inter tantos ?* D'ailleurs est-il bien sûr que
l'auteur arien ait cité textuellement ?

Dans l'impossibilité d'établir convenablement le texte
phébadien, nous nous sommes résigné à le transcrire
purement et simplement. Certes il nous est pénible de pré
senter ainsi tel quel, au lecteur, un chef-d'œuvre aussi défi-
guré. Fallait-il reléguer au bas des pages les mots, les
phrases, les passages suspects ? Mais par quoi les rempla-
cer ? Par des conjectures plus ou moins plausibles ? Nous
ne l'avons pas voulu. N'était-ce pas nous exposer à trahir
à notre tour un auteur déjà si malmené ? Il nous a paru
préférable de reproduire le manuscrit intégralement, même avec ses tares les plus évidentes, sauf à mettre en notes

---

(1) Découverts en 1828 par le cardinal Mai qui les a publiés dans : Scriptorum
Veterum Nova Collectio e Vaticanis codd. edita, t. III, part. II, p. 208-239, sous ce
titre : Sermonum Arianorum fragmenta antiquissima in rescriptis membranis reperta et
nunc primum cum idoneis refutationibus edita. Le manuscrit qui les a fournis est aujour-
d'hui divisé en deux : *Ambros.* E, 147 sup. et *Vatic.* 5750. C'est un palimpseste célèbre dont la première écriture, celle qui nous intéresse, est du IV/Vᵉ siècle, et la seconde
du VIIᵉ siècle. Le *fragment* XVIII, qui cite Phébade, répond aux pages 19-20 de
l'*Amb.* E, 147 sup. (P. L. XIII, 626-627.) Voir Giovanni Mercati, *Antiche Reliquie
Liturgiche*... con un EXCURSUS *sui frammenti dogmatici Ariani del Mai. (Studi e
Testi VII*, Roma, 1902, p. 68.

les leçons de nos deux illustres devanciers, et humblement, à la suite, nos propres suggestions. La seule liberté que nous ayons prise a été, pour aérer un peu ce texte compact, de le diviser en chapitres, paragraphes, alinéas, non arbitrairement, mais d'après les chefs de preuves du traité.

Jusqu'ici le *Contra Arianos* n'avait pas été transposé en français. C'est donc une première traduction que nous donnons aujourd'hui. Malgré l'obscurité forcée du sujet, ç'eut été pour nous un plaisir pieux de nous attaquer à un texte vénérable qui ouvre si brillamment nos fastes épiscopaux, de lutter avec lui, de le serrer au plus juste. Mais si l'on considère ses lacunes et ses déformations, on comprendra combien parfois à été dure et ingrate la tâche du traducteur. Aux endroits plus ténébreux nous avons eu souvent pour nous guider, d'autre fil d'Ariane que la suite des idées et la logique du raisonnement.

Dans le monde intellectuel, non plus que dans la nature, il n'y a de génération spontanée. Pour aussi originale et personnelle que soit l'œuvre de Phébade, elle n'apparaît pas dans la littérature chrétienne comme une production isolée, indépendante, *proles sine matre creata*. Elle a ses sources dont la plus riche est Tertullien. A ce génial écrivain elle emprunte ses idées, son vocabulaire, même des phrases entières qui sont insérées, en manière d'arguments, dans la trame du discours. D'autre part, comme un miroir puissant, elle reflète la pensée catholique de l'époque, si bien que dans les écrits des autres Pères, ses contemporains, les Hilaire, les Ambroise, etc.., on retrouve non seulement le même fonds d'idées, mais encore jusqu'aux mêmes expressions. Enfin il est curieux de constater à quel point les écrivains ecclésiastiques postérieurs ont puisé en elle comme dans une précieuse mine.

De là des rapprochements intéressants qu'il nous a paru utile de consigner, avec nos remarques soit théologiques soit littéraires ou autres en des *Notes* qui forment la dernière partie de cette publication.

3

Il nous reste en terminant un devoir très doux à remplir.
C'est d'exprimer toute notre reconnaissance à ceux qui
nous ont aidé dans cette entreprise par leurs conseils, et
leurs encouragements, plus particulièrement à M. Bonnat
et à M. l'abbé Marboutin. La phototypie du texte de Leyde
a été faite sur les clichés de M. Marboutin. On lui doit
donc la reproduction réduite qui figure dans cette édition et
qui en est l'ornement.

III. Incipit Liber Foebadi episcopi

CONTRA ARRIANOS

I. 1. Nisi illam zabolicœ subtilitatis fraudem uiderem, quæ omnium fere sensibus occupatis, et heresem persuadet ut fidem rectam, et fidem rectam damnat ut heresem, nullum omnino super his quœ nuper ad nos scripta uenerunt sermonem haberem, fratres 5 Karissimi.

Sufficiebat enim conscientiæ puræ tenere quod credit : œstimanti fore rectius tueri propria quam extranea et aliena discutere. Sed quia, ut diximus, aut hæresis suscipienda est ut catholici dicamur, aut uere catholici 10 non futuri, si heresim non repudiamus, ad hanc tractatus conditionem necessitate descendimus, quam zabolicum uirus sub modestia religiosæ uenerationis occultum in medium proferre nos conuenit : ut et malum, quod sub opinione uerborum simplicum latet, depre- 15 hendatur, et, mendacio detecto, ueritas interclusa respiret. Destruenda sunt enim aliena ut nostris credatur ; nostris autem nisi ea fuerint distructa ut solis credi deheant nonnisi credendum uideo.

Igitur ante hœresim zabolica fraude cœcatam profer- 20 re in conscientiam publicam possim, tamen dum de

---

1, 1, zabolicae. — 3 et 4, haeresim. — 4, quae. — 6, carissimi. — 7, loco *purae* lege *nostrae*. — 8, aestimanti. — 11, haeresim. — 12: quia zabolicum. — 15, simplicium. — 18, destructa. — 19, debeat. — 19, « *Lego non credendum uideo,* id est, uideo fore ut non credatur. Videtur autem particula *nisi* ex præcedente membro irrepsisse. » (Bèze) — « *non ante credendum* » (Pithou). — 20 : « Igitur nisi » (Pithou). — 20 : haeresim — « Lego *cælatam* (Bèze), legendum caecatam. — « Præterea manifeste mutilus est locus nec suppleri facile potest » (Bèze).

ipsa mihi sermo est, dans fidei meæ pignus, catholicum
me probabo, probatum quidem, ut spero, Deum primum, dein conscientiæ meæ, sed et his probandum
quos aut metus aut sœculi ambitio non uicerit.   25

II. 2. Incipientes igitur ab ipso capite perfidiæ non
fidei, ac deinceps per totum corpus decurrentes, proba-
bimus multa per fraudem communis professionis quæ
scilicet nec recipere possumus ; nonnulla vero sine ulla
pudoris similitudine esse congesta.   5

Nam et unus Deus non sine fraude proponitur, nec
duo simpliciter negantur. Nomen vero substantiæ idcirco penitus iuratur ut scindatur a Patre Filius. Denique
natiuitas eius referatur ignota quæ si ut est ex Patre ita
credatur, ipsa sui confessione satis nota est. Maior 10
Pater Filio dicitur, non tamen ea differentia qua Filio
Pater maior est, sed omnibus diuinæ gloriæ bonis
maior ; quibus si minor est Filius nec ipse esset in Patre
in Patre dabitur, quia nihil in semetipsam recipiet æter-
nam eius beatitudo nisi proprium. Non autem proprium 15
Dei nisi pienum atque perfectum. Nec rursum in eo
Pater esse dignabitur in quo totus esse non possit. Habere initium Pater negatur hoc ideo ut Filius non ad
auctorem sed ad tempus habere credatur. Puto autem
cui initium sic adscribiteur, fini obnoxius non negetur. 20
Subiectus deinde Patri Filius dicitur non tamen ut filius
patri, sed ut seruus domino, cum legamus seruum
h œ r e d e m   e s s e   n o n   p o s s e. Denique,
cum omni creatura subiectus Deo refertur ; inuisibilis,

---

1. 24 Cf. II Cor. 12.

2. 10 cf. Ioh. XVI, 27, 28. — 12 cf. Col. I, 27. — 16 cf.
Ioh. XIV, 10 ; I, 18 — 20 cf. Hebr. VII, 3 — 21 cf. I Cor. 27, 28
— 23 Gen. XXI, 10. Gal. IV, 30.

---

1. 23, Deo. — 25, saeculi.

2. 8, lego uilatur (Bèze) ; eiuratur (Pithou) ; legendum :
eiuratur. (Cf. Tertul. Spect. 24, Idol. 18). — 9, refertur. — 13, esse
in Patre dabitur. — 14, recipit. — 15, aeterna. — 20, adscribitur. —
23 : heredem.

immortalis Pater, nuntiatur, ut scilicet in contrariis 25
eorum Filius iaceat.

Si hæc igitur singula non humana presumptione sed
auctoritate diuina loqui refellimus, consequens erit in
ea parte catholicam fidem stare quæ talem recipit
Deum qualis debet esse qui Deus est. 30

III. 3. U n u m , inquit, c o n s t a t D e u m
e s s e . Uideri quidem non possunt calumniantibus
coniecturis argumentari et sanctitatem fidei simplicis
maligna interpretatione torquere. Sed respiciendum ad
Ursatium et Valentem et Potamium, quia sæpenumero 5
hisdem uerbis unicum Deum subdola fraude confessi
sunt. Nihil simplex in hac fidei professione suscepi,
quæ prima fronte ad decipiendos imperitos, credulos,
incautos hœretica subtilitate blanditur, pari modo quo
veneni poculo mella conmendant. 10

U n u m , inquit, c o n s t a t D e u m o m n i -
p o t e n t e m P a t r e m . Nemo nostrum abnegat, quia
nemo ignorat. Sed, ut probari ipsorum tractatibus potest, dicimus illos hoc loco non tantum unum Deum
professos quam unum Patrem omnipotentem. Namque 15
ex eadem constantia Filium nolunt, et Deum tamen
Filium confitentur. Puto suscepisse alterum non nega-
bunt, et idcirco integrum illis est in hac sua perfidia non
fide unum Deum Patrem quam unum Deum dicant.
Quamquam, in omni professionis suæ corpore, sic ip- 20
sum Dominum Nostrum non negant ut Deum distru-
ant, hoc est ut tanto nomine Deum dicant, quo nomine
etiam nos appellari soliti sumus : E g o , inquit, d i x i :

---

27 : praesumptione. — 28 : Pro *diuina loqui* lego *diuini eloquii*. (Bèze).
Sic legendum. Cf. Tertul. (adu Marcion. 5) — 3. 5 qui saepenumero.
— 6 : iisdem. — 10 : poculum. — 10 : commendant. — 3. 12, cf.
Tertul (P.L.,l, 631, C. 2) : Nemo negat quia nemo ignorat. — 14 :
non tam unum. — 19 : cum unum Deum dicunt. — 20 : quanquam.
— 21 : destruant. — 21 : tantum.

uos dii estis. Quo nomine et Moyses ante do-
tus est : Faciam te, inquit, deum Pha- 25
raoni.

Ne quis ergo putet his uerbis perfici catholicam pro-
iessionem si et unum Deum Patrem confitemur et
Deum Filium non negamus. Potest enim et Deus Pater
sic unus Deus dici ut sit unus Pater non Deus unus.
Potest et sic Filius Deus dici ut Deus non sit. 30

IV. 4. Duos, inquit, Deos nec posse
nec predicari debere scimus. Hoc
nec umquam ex ore nostro duos Deos proferimus. Deus
enim si non unus et uerus est, Deus non est. Sed aduer-
tendum est qua istud definitione ponatur, cui perfidiæ 5
pateretur hoc totum, in quo piaculum communia nobiscum uerba prorumpant. Statim enim cur duos Deos
negauerint, ponunt : Quia ipse Deus ait : Uado ad
Patrem meum et Patrem uestrum,
ad Deum meum et ad Deum ues- 10
trum. Qua definitione male interpretationis in
tantum a Patre Filius separatur et infra Omnipotentem
Deum ponitur ut nobis et natiuitatis conditio et huma-
nitatis infirmitate societur.

Denique subiungunt : Deum omnium unus 15
est Deus. Quo dicto Dominus non Deus absolute
denegatur. Deo etenim Patri non Filio nomine sed crea-
turæ conditione subicitur. Et credo hoc loco auctoritas
Apostolica vindicabitur ut Deus Christus dicatur potius-
quam sit, quia dixerit : Et donauit illi 20

3, 24, Ps. 81, 6. — 25 Exod. VII, '.
4, 11, Ioh. XX. 17.

4, 2, praedicari. 3, unquam. — 3, Cf. Tertul. (adu. Prax. C.
XIII) : Duos tamen Deos... nunquam ex ore nostro proferimus. — 4,
Cf. Tertul. (adu Marcion. l. 1, c. 3) : Deus, si non unus est, non est.
— 6, lege praeparetur. Cf. Tertul. (adu Marcion. l. 1. c. 4) : cui
praeparabatur hoc totum. — 8, Quia ipse Dominus. Cf. Exemplum
blasphemiae. — 11, malae. — 13, conditione. — 15, Ideo omnium.
(Cf. Exemplum blasphemiae). — 17, Filii nomine. — 18, subicitur.

Deus nomen quod super omne no-
men est. Sed et ipsius Domini negantis esse se
Deum verum cum dicit : Haec est uita eter-
na ut cognoscant te solum et uerum Deum ; et : Quid me, inquit, 25
dicis bonum? Nemo bonus nisi
unus Deus. Adhuc audies : Cur honorem
ab uno et solo Deo non quœritis?
et : De Die autem et hora nemo scit
nisi Pater solus. 30

O duces cœci ! o sœculi ambitione decepti,
non distinguentes Dominicæ potentiæ duplicem statum
in sua unumquemque proprietate distantem et quicquid de homine eius dictum est Deo adplicatis, ut ipse
Deus homini suo inbecillitate societur. 35

5. Et idcirco duplicem hunc statum non coniunctum
sed confusum uultis uideri, ut etiam unius uestrum, id
est epistola Potami, quæ ad orientem et occidentem
transmissa est, qua adserit carne et spiritu Christi coa-
gulatis per sanguinem Mariæ et in unum corpus re- 5
dactis passibilem Deum factum : hoc ideo ne quis illum
ex eo crederet quem inpassibilem satis constat. Fecistis
igitur de spiritu Dei et carne hominis nescio quid tertium, quia nec uere et iam Deus est si Uerbum esse
desiuit : caro enim factus est ; neque uere homo quia 10
non propriæ caro : fuit enim Uerbum. Ac sic ex utroque
iam neutrum est, ille, inquam, ille qui contra hoc uene-

4, 22 Philip. II, 9 — 25 Ioh. XXVII, 3 — 27 Luc. XVIII, 19
28 Ioh. V, 44 — 30 Mt. XXIV, 36 — 31 Mt. XXIII, 16 et 24.

4, 23, aeterna. — 28, quaeritis. — 31, caeci, saeculi. — 33, Cf.
Tertul. (adu Prax. C. 27) : in sua proprietate distantem. — 35,
imbecillitate.

5, 2, Cf. Tertul. (adu Prax. c. 27): Uidemus duplicem statum non
confusum sed coniunctum. — 11, proprie. — 7-11, Cf. Tertul. (adu.
Prax, c, 27) : Sermo enim desiit esse qui caro factus est, neque caro, id
est homo, caro enim non proprie est qui Sermo fuit, itaque ex utroque
neutrum est : aliud longe tertium est quam utrumque. — 11, Ac si.

num utramque substantiam suam adfectus proprietate
distinxit. Nam et Spiritus in illo res suas regit, id est :
uirtutes et opera signa ; et caro passionibus suis functa 15
est : cibum desiderauit cum temptaretur a zabulo,
sitiuit ad puteum Samariæ, cum profetæ vox sit :
D e u s æ t e r n u s n e q u e s i t i e t n e q u e
e s u r i e t .   Quid adhuc de hominis affectu ? Fleuit
Lazarum et Hierusalem. Postremo anxius fuit ad mor- 20
tem. Sed quod expressit affectu numquid non testatus
est uerbis ? Ait enim Nicodemo : Q u o d d e c a r -
n e n a t u m e s t c a r o e s t e t q u o d d e
s p i r i t u , s p i r i t u s ; et : C a r o , inquit,
i n f i r m a , s p i r i t u s p r o m p t u s e s t . 25

Non ergo sit spiritus caro, nec caro spiritus : quod
isti uolunt egregü doctores ut factus sit scilicet Domi-
minus et Deus noster ex hac substantiarum permixtio-
ne passibilis. Ideo autem passibilem uolunt dici ne ex
inpassibile credatur.   30

V. 6. Sed quid necesse est altiora scrutare et uirus
internum per argumenta prodeuntem communi expo-
nere et publicare iudicio, cum lucifuga serpens per
anfractus euoluens seriem suam tortuosæque proce-
dens qualis quantusque sit aliquando prodiderit, et 5
uenenum prius solito solitus adspargere libertate uicto-

5, 19, Isa. XL, 28. — 25, Mt. XXVI, 41.

5, 13-25, Cf. Tertul. (adu. P-ax. c. 27) : Et adeo salua est
utriusque proprietas substantiae, ut et Spiritus res suas egerit in illo, id est
uirtutes et opera et signa, et caro passiones suas functa sit, esuriens sub
diabolo, sitiens sub Samaritide, flens Lazarum, anxia usque ad mortem...
Disce igitur cum Nicodemo : quia quod in carne natum est, caro est et
quod de Spiritu, Spiritus est. Neque caro Spiritus fit neque Spiritus caro.
(de carne Christi, c. 9) : Esurüt sub diabolo, sitüt sub Samaritide,
lacrymatus est super Lazarum, trepidauit ad mortem. Caro enim infirma.
— 14, egit. — 15, et operat signa. Cf. Tertul. loc. cit. — 16, ten-
taretur. — 17, Prophetae. — 26, fit. — 30 impassibili.
6, 1, Scrutari. — 2, prodentem (Pithou). — 3-5, Cf. Tertul. (adu.
Ualent. c. 3) : Serpens per anfractus seriem suam euoluat, tortuose pro-
cedat. nec semel totus lucifuga bestia. — 4, tortuoseque. — 6, « Lego :
prius solummodo solitus adspargere, libertate victoris, id est, libere ut
solent uictores ». (Bèze.)

ris totum pariter effuderit.

Ab episcopis procedit edictum : N e m o u n a m
s u b s t a n t i a m d i c a t. Hoc est : nemo in Ecclesia predicet Patris et Fili unam esse uirtutem. Quid 10
egistis, o beatæ memoriæ uiri, qui, ex omnibus orbis
partibus Niceam congregati, et, sacris uoluminibus
pertractatis, perfectam fidei catholicæ regulam, circum
inspecto sermone fixistis, dantes· bene credentibus
communis fidei desterras, errantibus vero formam 15
credendi ? En labor uester, en anxia sollicitudo quo
reccidit, qua orientis mali· semina, quantum in uobis
tunc fuit, professione catholica necauistis ? Uetatur in
Ecclesia predicari quod solum sanxistis ob hereses
detegendas debere in Ecclesia predicari. Tollitur 20
quod probastis, et quod damnastis inducitur : quia
mendatium adstrui nisi distructa ueritate non poterat.
Distructioni quidem illa non subiacet, et, ut est, semper
incorrupta durabit. Sed manus sibi sacrilegas inferen-
tes tamquam uiolatam puniuit. 25

7. N e m o u n a m s u b s t a n t i a m d i c a t.
Quod piaculum, quod facinus in hoc uerbo ? Qua ex
parte catholicam fidem pulsat ? Utrumne sono uocabuli, an interpretatione rei ipsius ? Nihil fallor, interpretatio caret culpa. Substantiæ enim dicitur id quod sem- 5
per ex sese est : hoc est quod propria intra se uirtute
subsistit : quæ uis uni et soli Deo competit.

Usitatum uero et familiare diuinis uoluminibus hoc
nomen nec ipsos puto ignorare qui negant. David enim
ex persona Christi : I n f i x u s s u m i n l i m o 10

6, 10, praedicet, Filu. — 13, circumspecto (Pithou). — 14, fin-
xistis. — 17, recidit. — 19 et 20, praedicari. — 19, haereses. — 22,
mendacium, Cf. Tertull. (adu. Marcion l. II. c. I) : Non enim poterat
aedificare mendacium sine demolitione ueritatis. Aliud subruere habuit,
ut quod uellet extrueret. — 22, 23, destructa, destructioni. — 25,
« Lego uiolata » (Bèze). — Legendum : uiolentas (Cf. Tertull. (de
Paenitentia, c. 2) : quasi uiolenta manus.

7, 5, substantia. — 6, quae.

profundi et non est substantia.
Et rursum : Substantia mea in infe-
rioribus terræ. Et : substantia mea
ante te est semper. Et : Substantia mea tamquam nihilum ante 15
te. Et : Scrutetur fænerator substantiam eius. Sed et Salomonis sententia :
Substantiam, inquit, tuam et dul-
cedinem tuam. Et Hieremias : Si stetis-
sent in substantia mea. Et in Prouer- 20
biis : Substantia diuitis ciuitas
munita. Et in eodem : Domum et substantiam diuidunt patres filiis.
Sed et Tobias : Si fuerit, inquit, tibi
copiosa substantia. Et idem : Fili 25
ex substantia tua fac ælymosi-
nam. Sed et Iohannes : Qui habuerit
substantiam mundi. Et in Euangelio :
Ecce, inquit, dimidium do ex substantia mea. 30

Ideo haec in unum exempla congessimus ne sermo ille caperet indoctos, quod testati sunt idcirco substantiam non predicandam quia diuinis Scripturis nusquam
inueniretur. Ergo si neque ipsum uocabulum substantiæ sacris Litteris nouum est, neque interpretatio eius 35
habet crimen, superest ut dispiciamus qua ex causa
repudietur hoc nomen. Dispicientes autem inuenie-
mus illos non nomen sed nominis repudiare uirtutem.
Quod si relucebit, erit apud nos intuitus nominis status ; erit et illorum sensus in uitio : qui, dum nouellas 40

7, 11, Ps. LXVIII, 3 — 13, Ps. CXXXVIII, 15 — 14, Ps.
XXXVIII, 8 — 16, Ps. XXXVIII, 6 — 17, Ps. CVIII, 11 — 19,
Sap. XVI, 21 — 20 Ierem. XXIII, 22 ·· 22, Prou. X, 15 — 23,
Prou. XIII, 22 — 25, Tob. IV 9 — 27, Tob. IV, 7 — 28, Ioh. Ep.
III, 17 ·· 30, Luc. XIX, 8.
7, 40, Cf. Tim. VI, 20.

7, 16, fenerator. — 26, eleemosyna. — 33, praedicandam. — in
diuinis.

profanæ intellegentiæ uias quærunt, a recto Euange‑
liorum limite recesserunt.

8. Prius tamen quam id adstruo quod spopondi, oc‑
curendum est illis quæ contrario proponuntur. Aiunt
enim inueniri quidem in diuinis uoluminibus nomen
substantiæ, sed non statim pertinens ad eandem spe‑
ciem quæ indicatur a nobis. Ibi enim per substantiæ 5
uocabulum aut uirtutem aut diuinitatem significari. Et
nos ergo, unam Patris et Filii substantiam uindicantes,
quid aliud quam in utroque pares diuitias unius scili‑
cet diuinitatis predicamus ? De quibus diuitiis ait
Apostolus : Notas, inquit, fecit Deus 10
diuitias gloriæ suæ quod est
Christus. Et unam utriusque dicimus esse uirtu‑
tutem. De qua idem Apostolus ait : Christus
uirtus Dei est. Quæ quidem uirtus, quia
nullius extraneae opis indiget, dicta subs‑ 15
tantia est, ut supra diximus, quicquid illud est
sibi debens. Nihil ergo in hoc uocabulo nouum, nihil
extraneum dicimus, nihil congruens Diuinitati, etiam
si in quamuis partem significantiæ transferatur. Sed, ut
caeperam dicere, omnis ista questio nominis alterius 20
est doloris : nec uocabulum sed uis uocabulum dis‑
plicet. Quibus enim accipere auribus possint unam
Patris et Filii substantiam prædicari : hoc est honorem,
dignitatem, claritatem, uirtutem, maiestatem patri in
utroque ueritate communem, qui a Patre Filium sepa‑ 25
rant, et diuisis substantiis in sua unumquemque pro‑
prietate degentem, repudiata diuinitatis communione,
proponunt?

8, 12. Col. 1, 27 — 14, 1. Cor. 1, 24.

7, 41, quaerunt.

8, 2, occurrendum. — 2, quae. — 5, quae. 6, loco *diuinitatem*
legendum *diuitias*. — 9, praedicamus. — 14, quae. — 18, incongruens.
— 19, coeperam. — 20, quaestio — 21, uis uocabuli. — 23, praedicari.
— 24, pari. — 26, proprietate.

Hic ergo blasphemiœ, hic dictus sacrilegus dolor qui in Patre et Filio recipitur Deus unus. Mortuus 30 enim auctoribus huius uenenis, cœlcre tamen eorum et doctrina non moriar. Illis, inquam, auctoribus in tantum a Patre separantibus Filium ut ore sacrilego protulerint: Filium Dei ante sœcula quidem creatum et fundatum, sed uiuere et esse a Patre suscepisse et fuisse 35 antequam nasceretur et Deum quidem esse sed non esse uerum Deum. Successoribus igitur huius perfidie non fidei, per quos malorum serpit haereditas, merito una substantia displicet, quam tolli uelut scandalum et unitatis diuortium postulant, ignorantes illos, tantum 40 catholicos esse dicendos qui in huius professionis communione concordant.

VI. 9. Illud autem quis ferre aequanimiter possit ut quem initium habere pro certo adserunt, huius natiuitatem habeant in incertum ? Aut utrumque in occulto habendum est, quia contemporale est, aut utrumque esse cognitum debet : alterum enim neque 5 nosci neque ignorari sine altero potest. H a b e t , inquit i n i t i u m F i l i u s s e d e s t e i u s - d e m o c c u l t a n a t i u i t a s . Non est iniquum quis prodidit de natiuitate cur tacuit ? Immo ipsa natiuitas unde nota quœ adseritur ignota ? Sed hoc loco 10 homines omni spe bona uacui prescribunt profete auctoritate dicentis : N a t i u i t a t e m , e i u s q u i s e n n a r r a u i t ? Non intellegentes iam tunc eos pro-

---

9, 13. Isa. LIII, 8 et Act. VIII, 33.

8, 29, Legendum : Hic ergo blasphemiae aestus, hic totus sacrilegus dolor quod in Patre, etc. (Cf. *Fragmentum* XVIII, P. L. XIII, 627). — 30, Mortuis. — 31, ueneni, scelera. — 32, non mortua (Pithou). — 34, saecula. — 35, et non fuisse. — 37, perfidiae.

9, 8 : « Lego : Habere initium qui prodidit, de natuitate cur tacuit ? » (Bèze). Non est. Initium qui prodidit, etc (Pithou). Forsan rectius : Dum est initium qui prodidit... 10, quae. 11, praescribunt prophetae. 13, enarrabit (Nota : Non quidquam in antiquis libris solemnius est quam ut *b* in *u* mutetur).

phetali spiritu esse proeuisos qui daturi erant initium
Dei Uerbo hoc est Dei Filio.   15

Natiuitatem, inquit, quis ennarrauit?
Hoc enim est dicere : cuius ennarrare natiuitas non potest initium ne requiras. Natiuitatem, inquit,
eius quis enarrauit ? Hoc est dicere : nemo
hominum poterit. Nemo enim potuit praeter ipsum qui 20
sinum Patris edisserens principaliter nobis secreta natiuitatis suae revelauit. Nam et legimus ad eandem
speciem dictum esse : Quis cognoscit
sensum Domini ? Sed rursum docemur : Nisi
Spiritus qui in ipso est ? Natiui- 25
tatem eius quis ennarrauit ? Hoc
est dicere : Nemo audeat ennarrare
quod non potest. Cur autem nemo poterit ?
Qua scilicet non solum ex eo et cum eo sed
et in eo est qui caret natiuitate. Genitus enim ab 30
ingenito, his diuinae gloriae bonis natus est quae penes
ingenitum erant, et penes eundem ingenitum desiuit
Pater habere quod genuit, eundem in semetipso ha-
bendo quem genuit. Huius igitur natiuitas ideo inenar-
rabilis nuntiatur, quia per ipsa conceptus est sed per- 35
fectus ex Deo Patre Filius Deus est ; quia, secundum
Scripturas, de Filio diximus : Ex eo et cum eo
et in eo.

Ne quis significationum uarietate turbetur, reddenda est traditio dictorum, et ne proposita confundan- 40
tur, reddenda conpendio. Ex eo, auctore ; cum
eo ad unigenitum ; in eo ad natiuitatem substantiae respicit. Hoc auditur in omnibus. Tene diuinae
dispositionis mysteria, satis nosti.

Natiuitatem, inquit, eius quis ennar- 45

9, 22. Cf. Ioh. I, 18 — 24, Rom. XI, 34 et I Cor. II, 16 — 25, I
Cor. II, II.   38, Rom. XI, 36.

9, 14, praeuisos. — 16, enarrabit. — 17, enarrare. — 17, non
potes. — 19, enarrabit. — 20, praeter. — 26, enarrabit. — 27, enarrare. — 29, quia. — 31, quae. — 35, ipsam. — 41, compendio. —
42, ad auctorem. — 43, diuinae.

rauit ? Quis enim possit, secundum naturam
ennarrare natiuitatem quæ contra naturam est ? Hic
enim solus est natus natiuitatis suae conscius. Hic
enim qui cui bona pararentur intellegens per naturam
originem, Patri inerat, ipsa illa condicione qua natus 50
est.

10. Natuitatem, inquit eius quis ennarrauit ? Et subiungunt : Nulli hanc proditam
quia soli scilicet et Patri nota sit. Hoc est dicere subti-
lium fraude uerborum : Genuit quidem Filium Pater
sed nemo scit unde. Nam et similiter et Iudei dixerunt : 5
Nos scimus quod Moysi locutus
est Deus ; hunc autem nescimus unde
sit. Quamuis enim aliquando nobiscum faciant
communionem uerborum et nonnulla uideantur dicta
simpliciter infama hœretice prauitatis adspergere, 10
tamen, quia omnia fere eorum ueniunt aduersus fidem ueram, necesse est secundum plura
intellegi pauciora : presertim cum
si quid receptum fuerit contra fidem ueniens, totius
fidei damnum sit.   15
Nemo scit, inquit, quomodo ge-
nitus sit Filius nisi Pater
solus. Quid ergo sibi uult illa sententia ? Quia
hoc Dominus ignorare nos nolens : Ego, inquit,
de Patre exiui et de sinu Pa- 20
tris. Pro dolor ! cur sectantes ignorantiæ tenebras
ignorare nos noluit ! Et utique ideo noluit, ut, auctore nobis cognito, statu sui questio tolleretur. Non
enim erat quœrendum quis, quomodo uel qualis esset,
cum unde esset nosceremus. Sed si hoc loco ipsius Do- 25

10, 8, Ioh. IX, 29 — 20, Ioh. XVI, 27, 28 — 21, Ioh. I, 18.

9, 46, enarrabit. — 47, enarrare... quae. — 50, conditione.

10, 2, enarrabit — 5, Iudaei. — 10, infamia. — 10, haereticae.
— 13, Tertul. Adv. Prax. C. XX — 13, praesertim. — 23, status.
— 23, quaestio. 24, quaerendum.

mini sententia id confirmatum esse proponitur dicentis
scilicet : N e m o   n o . u i t   P a t r e m   n i s i
F i l i u s   n e c   F i l i u m   q u i s   n o u i t
n i s i   P a t e r ;   audient a nobis, ne fraudem faciant diuinœ definitioni. Sequitur enim : E t   c u i   30
u o l u e r i t   F i l i u s   r e u e l a r e .   Non est
enim penitus occultum quod non potest reuelari : reuelatur enim si dignus reuelatione quis fuerit. Iam ergo
haec notitia secreti causa non tegitur quœ reualatur ex
causa. Et consequens est ut nos indignos cognitione, 35
non iniquus habendus sit. Deus qui ignorantiam punit.
Non autem puniret si scientiam non dedisset. Dedit
enim per Spiritum Sanctum. Denique : S p i r i t u s
inquit, u e r i t a t i s   e n n a r r a b i t   u o b i s
o m n e m   u e r i t a t e m . Cum dicit : O m - 40
n e m   u e r i t a t e m ,   certe   nihil   excepit.

11. Hic est Spiritus notitiæ et ueritatis, per quem Salomon de Dominica natiuitate : Q u i d   s i t , inquit, S a p i e n t i a   e t   q u e m a d m o -
d u m   f a c t a   s i t   r e f e r a m   e t   a b   i n -
n i t i o   n a t i u i t a t i s   i n u e s t i g a b o   5
e a m .   Ergo per eundem Spiritum possumus inue-
nire quod quœrimus. Nam et Apostolus : R e u e l a -
b i t   n o b i s ,   inquit, D e u s   p e r   S p i r i -
t u m   s u u m ,   S p i r i t u s   e n i m   o m n i a
s c r u t a t u r   e t i a m   a l t a   D e i ... N e m o   s c i t   10
q u œ   s u n t in D e o   n i s i   S p r i t u s   D e i .
Quem Spiritum si i n   n o b i s   h a b i t a r e   idem
Apostolus probat, possumus ergo per eundem Spiritum
Dei nos inserere secretis. Et sane : Q u œ r i t e inquit,
e t   i n u e n i e t i s ,   petite   et   dabitur   15

10, 29, Mt. XI, 27. — 31, Ibidem. — 40, Ioh. XVI, 13.
11, 6, Sap. VI, 24. — 11, I Cor II, 10, 11. — 12, I Cor. III, 16.

10, 30, diuinae. — 32, quod potest (Bèze et Pithou). — 34,
quae reuelatur. — 35, indigni. — 39, enarrabit.

11, 7, quaerimus. — 11, quae. — 14, quaerite.

uobis. Et rursum : Pater, quœ abscondisti a sapientibus, reuelasti ea
paruulis. Nobis utique ad quos Dominus : Vobis, inquit, datum est nosse myste- 20
rium Dei. Illud utique mysterium de quo Apostolus : Quod ante, inquit, non fuit notum
filüs hominum ; nunc reuelatum est sanctis eius. Reuelatum plane : ostendit enim eminentes diuitias gloriœ suœ in bonatite super nos in Christo quia ipse est
in gloria Dei Patris, ipse enim
uera progenies ingeniti. Hoc est : nemo scit quomodo
genitus sit Filius. Nemo utique sed ex his in quibus ut 30
ait Dominus : Uerbum eius non capit, sicut nec ludeis ad quos idem Dominus ait :
Uos, inquit, ignoratis unde ueniam et quo eam, quia secundum carnem iudicatis. Quomodo 35
enim nemo si Pater dicit : Eructauit cor
meum uerbum bonum ? Quomodo nemo ?
Filius ait : Ego ex ore Altissimi prodiui. Noli quœrere amplius et non habes quod requiras. Nosti enim totum quia quod dicitur totum est. 40
Ex ore, inquit, Altissimi prodiui. Hæc
est enim natiuitas perfecta Sermonis. Hoc est principium sine principio. Hic est ortus habens initium in natiuitate, in statu non habens. Ex Deo enim innascibilis
Deus nascibilis exiuit : unus ab uno, uerus a uero, ple- 45
nus a pleno. Ac sic nascendo in his quœ erant semper

11, 16, Mt. VII, 7 - Luc. XI, 9 — 19, Mt. XI, 25. — 21, Mt.
XIII, 11. — 24, Ephes. III, 5 - Cf. Col. I, 26 — 27, Eph. II, 7
Cf. Col. I, 27. — 28. Phil. II, 11. — 32, Ioan. VIII, 37. — 35,
Ioh. VIII, 14, 15. — 36, Ps. XI, IV, 1. — 39, Ecclesiast. XXIV, 5.

11, 17, quae. — 26, gloriae suae. — 32, Iudaeis. — 39, quaerere. — 45, innascibili. — 46, quae.

non cepit esse quod natum est de non conceptis, nec habet tempus quod est intemporali Patri congenitum per
naturam. Scriptum est enim : D e u s S p i r i t u s e s t
e t e x D e o n a t u s e s t œ t e r n u s . ut ergo eius 50
naturæ quœ constat æternitas. Non igitur imperfectus
Filius licet natus, quia natus est a perfecto ; nec immi-
nutus ille qui genuit, quia genuit de semetipso. Totus
enim dedit totum, ut, secundum Spiritus uirtutem,
totus esset in toto.   55

VII. 12. Sed iam se mali doctores intra artis suæ secreta non continent, et aduersus ueritatem et ipsa ueritate consistunt : h a b e n t e s c o r n u a u t
a g n i e t l o q u e n t e s t a m q u a m d r a -
c o n e s . Uolentes igitur a Patre Filium scindere et 5
infra Deum ponere, de Euangelio prœciperunt :
P a t e r, inquit, m a i o r m e e s t. Et quomodo maior statim hœretica presumptione definiunt :
honore, claritate, dignitate, maiestate. Quod si ita est,
cur iubetur u t o m n e s h o n o r i f i c e n t F i l i u m 10
s i c u t h o n o r i f i c a n t P a t r e m ? Quod si ita
est, ergo cottidiœ blasphemamus in gratiarum actioni-
bus et oblationibus sacrificiorum, communia hœc
Patri et Filio confitentes : quia scilicet non potest Filius
non totum habere quod Patris est, cum ipse totus in Pa- 15
tre sit. Denique Iohannes ait : D e u m n e m o u i d i t
u m q u a m n i s i u n i g e n i t u s F i l i u s q u i
e s t i n s i n u P a t r i s . Et ideo inquit : O m n i a
t u a m e a s u n t e t m e a t u a. Et : N i h i l
p o t e s t F i l i u s f a c e r e a s e m e t i p s o. 20
Et : N o n u e n i u o l u n t a t e m m e a m f a-

11, 49, Ioan. IV, 24. Cf. II Cor. III, 17. — 51, I Cor. II, 12.
— 12, 5 Cf. Apoc. VIII, 11. — 7, Ioan. XIV, 28. — 11, Ioan.
V, 23. — 18, Ioan. I, 18. -- 19, Ioan. XVII, 10. — 20, Ioan.
V, 19.

11, 47, cœpit. — 51, aeternus, et ergo.   51, qua.
12, 2, ex ipsa (Pithou). — 6, praeceperunt. — 8, haeretica paer-
sumptione. — 11, quotidie. — 13, haec.

4

cere sed eius qui me misit. Quod
utique non infirmitatis confessio est, sed unitatis adsertio. Dixerat enim et contra infirmitatem et pro unitate : Q u i m e m i s i t m e c u m e s t. 25
Et : P a t e r i n me manens facit opera
s u a. Et : U e r b a q u œ l o q u o r n o n s u n t
m e a s e d P a t r i s. Quidquid ergo detrahitur
Filio derogabitur et Patri. Nam nihil alter sine altero
facit ; quia esse alter sine altero non potest. Nec Filius
enim Filius nisi Patrem habet, nec Pater Pater nisi 30
habens Filium. P a t e r, inquit, m a i o r m e
e s t. Sed plenitudo eiusdem diuinitatis in Filio est,
Denique Apostolus : Q u o t q u o t, inquit,
promissiones Dei sunt in illo
e s t. Numquid ergo obsequia Filii diuinitatis statum 35
soluunt? Solvitur enim in Christo omne quod Deus
est, si maiestatis alterius accipitur. Alterius autem
erit si maiestate Pater maior me est. Quœ quidem
maiestas, quia una est, unius scilicet Dei, non potest
non esse perfecta, quia inperfecta inœqualis est, inœ- 40
qualis autem si in altero minor est.

X. 13. Sed si in hoc loco illud uobis adplaudet
quod Matheus refert Filium hominis quasi priuatum
scilicet et minorem, legite in eodem Matheo Filium
e s s e u e n t u r u m in m a i e s t a t e
P a t r i s. Uide quo adventu et Lucas : C u m 5
u e n e r i t, inquit, F i l i u s h o m i n i s
c u m g l o r i a s u a e t P a t r i s. Non

12, 22, Ioan. VI, 38. — 25, Ioan. VIII, 29. — 26, Ioan. XIX,
10. — 28, Ioan. XIX, 10. — 35, II Cor. I, 20.
13, 3 Cf. Mat. XX, 31. — 5, Mat. XXV, 31. — 7, Luc.
XXI, 27.

12, 24, Cf. Tertull (Octau. P. L. c. 38, col. 355,) : quod uero...
non confessio timoris est, sed uerae libertatis assertio. — 27, quae. — 38,
maior est. Quae. — 40, inaequalis (bis).
13, 2, Matthaeus. — 3, Matthaeo. — 5, loco uide legendum de...
(Bèze).

tamen ergo a uobis minor maiestate Filius dicitur, cum
hoc dicitur, quam Deus negatur. Ille, inquam, ille de
quo Salomon ait : S p l e n d o r e s t l u c i s 10
a e t e r n æ e t s p e c u l u m s i n e m a-
c u l a D e i m a i e s t a t i s. Plane spe-
culum sine macula. Custodit enim Dei uultus et figu-
ram fideliter exprimens, plenam Patris imaginem
reddidit. Et quid amplius de statu eius in quo se 15
Dominus Christus agnouit?

P a t e r, inquit, m a i o r m e e s t. Merito
maior, quia solus hic auctor sine auctore est. Denique
Apostolus de Filio : I n i p s o, inquit, h a b i t a t
o m n i s p l e n i t u d o D i u i n i t a t i s 20
c o r p o r a l i t e r. Ergo ut Filius in Patre ita
et Pater perfectus in Filio est. Denique dicens Dominus noster proficisci a Patre Spiritum Sanctum subdi-
dit : D e m e o a c c i p i e t. Sicut Ioannes cum
dixisset : A d n u n t i a u i m u s u o b i s 25
u i t a m a e t e r n a m q u œ e r a t
a p u d P a t r e m, addidit : H a e c u i t a
i n F i l i o e i u s e s t. Ac sic cum ambo
et alterutrum perfecti sunt, unus tamen perfectus Deus
est in duobus. 30

14. P a t e r, inquit, m a i o r m e e s t.
Merito maior quia non ipse descendit in Uirginem,
quod Sabellius noluit, apud quem Pater et Filius
ambo non sunt : hoc est duum nominum una persona,
cum Patris uocem audierit per Esaiam : E c c e 5
F i l i u s m e u s q u e m e g o e l e g i;
p o n a m S p i r i t u m m e u m s u-
p e r e u m. Ac deinceps eundem profetam loquen-

13, 12 Sap. VII, 26. — 21, Col. II, 9. — 24, Ioan. XVI, 14
et 15. — 27, I Ioan. I, 2. — 28, I Ioan. I, 11.

14, 8 Isai. XLII, 1. Cf. Mat. XII, 18.

13, 8, loco tamem legendum tam. — 26, quae. — 29, alteruter.
14, 3. ualuit, — 5. Isaiam. — 8, deinceps per eundem prophetam.

tem, Filium recognoscat : S p i r i t u s   D o m i n i
s u p e r   m e ,   p r o p t e r   q u o d   u n x i t   10
m e .   Quam heresim Dominus preuidens : N o n
c r e d i t i s, inquit, q u i a   e g o   i n   P a t r e
e t   P a t e r   i n   m e? Certe non dixit : E g o
s u m   P a t e r   e t   e g o   i n   m e;   sed
E g o   i n   P a t r e   e t   P a t e r   i n   m e . 15
Quo dicto duas hereses elisit : Sabellianam scilicet et
Arrianam. Patrem et Filium esse non unam personam
ut Sabellius : aut duas substantias ut Arrius, sed ut
fides catholica confitetur, unam substantiam et duas
docuit esse personas.   20

15. Sed quid argumentis opus est, cum ipse Dominus pronuntiauerit definitiua sententia ? Q u æ c u m -
q u e   P a t e r   f a c i t   e a d e m   e t   F i -
l i u s.   Quomodo eandem, si adspirare ad summam
Paternæ illius gloriæ non potest? Immo quia potest,   5
recte Ioannes : S i n e   i p s o, inquit, f a c -
t u m   e s t   n i h i l.   Et ipse Dominus : E g o,
inquit, et P a t e r   u n u m   s u m u s. Unum
utique per naturam, quia quod erat in Filio hominis
et in Patris sinu manebat. Denique : N e c   m e, 10
inquit, n o s t i s,   e t   n e s c i s t i   u n d e
s i m   e t   n o n   u e n i   a   m e ,   s e d   e s t
u e r u s   q u i   m e   m i s i t ,   q u e m   u o s
n e s c i t i s.   E g o   n o u i   e u m   q u i a
a p u d   i l l u m   s u m   e t   i l l e   m e 15
m i s i t ,   e t   s o l u s, inquit, n o n   s u m,
s e d   e g o   e t   q u i   m e   m i s i t   P a t e r;

14, 11 Isai. XLI, 1. Cf. Luc. IV, 18. — 13, Ioan. XIV, 10
et 11.

15, 4 Ioan. V, 19. — 7, Ioan. I, 3. — 8, Ioan. X, 30. — 16,
Ioan. VII, 28, 29. — 17, Ioan. XVI. 32.

14, 11 haeresim, praeuidens. — 16, haereses.

15, 2 quaecumque. — 4, eadem. — 5, Paternae, gloriae. — 11,
nescitis.

et sicut nouit me Pater et ego
noui Patrem.

Nescio autem an si potuerit Patrem Filius, si initium 20
sortitus est Filius. Genitus enim nosse non potuit
Ingenitum, antequam genitus est. Iam ergo non sic
Patrem nouit ut notus a Patre est, et adscribendum est
ei mendacium, quod in Domino cadere non debet, et
merito adscribendum si adsertio eius ratione non ste- 25
terit. Non stabit autem nisi ille est quia non solum
exiuit a Patre, sed in Patre et est et fuit semper.

Omnia, inquit, tradidit Pater
in manu eius. Quomodo omnia, nisi et
omnis temporis? Quomodo autem omnis temporis, si 30
initio non caret? Quamlibet enim ante omne tempus
natum dicatis, tamen quia uultis eum aliquando cepisse
qui natus est, nec fuisse quod factum est, nescio quomodo defendatis omnia illum a Patre et omnis temporis
consecutum. 35

VIII. 16. Subiectus, inquit, Patri
Filius cum omnibus his quæ
ipse Pater subiecit. Quid uenena-
tum uirus exquisitorum uerborum uelamine tegitis!
Nos quæ audiuimus a patribus nostris, constanter præ- 5
dicamus. Et uos ergo doctrinam patrum uestrorum
deserere nolite. Illi, inquam, libere Deum gloriae
coelestis non Deum uerum esse, sed creaturam Dei
perfectam esse dixerunt. Vos tamen idem sentientes
abrupta blasphemiæ uerba uitantes, ambigua sec- 10
tamini, ad decipiendos simplices et incautos.

Subiectum enim Patri Filium, non Patris vel Filii
nomine, ut sancta et catholica dicit Ecclesia, sed, ut

15, 19 Ioan. X, 15. — 29, Ioan. III, 35.

15, 20 an nosse. — 26, est qui non. — 31, Cf. Tertul. (adu.
Prax. C. XVI) : omnia non erunt, si non omnis temporis fuerunt. —
32, cœpisse.

16, 2, quae. — 3, ipsi. — 5, quae. — 6, praedicamus. — 10, blasphemiae.

supra diximus, creaturœ conditione profitemini. Dicentes enim : C u m   o m n i b u s   h i s   q u œ 15
i l l i   P a t e r   s u b i e c t i t,   P a t r i   F i-
l i u m   e s s e   s u b i e c t u m,   nonne ipsum
in creaturarum ordine, quœ ex tempore sunt institutœ,
numeratis ? Nihil enim, secundum uos, omni creatura
habet amplius Deus et Dominus noster, nisi quod pri- 20
mus in numero est ; nisi quod ei etiam illa seruiunt
cum quibus seruit. Seruus enim et ipse si seruit, et
licet nonnullorum Dominus, sed Dominus uoluntate,
si uoluntate Domini, Dominus effectus : hoc ipso
seruiens quod iussus est imperare. 25

Hoc est illud quod uos occulte et patres uestri cum
libertate dixerunt : F i l i u m   D e i   s i n e
t e m p o r e   e d i t u m   a   P.a t r e,   e t
f u n d a t u m   n o n   f u i s s e   p r i u s-
q u a m   n a s c e r e t u r. Quœ ista est, rogo, 30
cordis hœbitudo? Quœ obliuio spei? Immo quœ tam
amens et blasphema confessio Deum dicentis quem
omnibus his quœ ex nihilo facta sunt comparastis ?
Hoc est et Filium falso nomine diuinitatis inludere,
si esse uerbo dicitur quod corde negatur, et Deum 35
Patrem mendacem notare dicentem scilicet : E g o
s u m   q u i   s u m. Et : E g o   s u m   D o-
m i n u s   s o l u s. Et : C l a r i t a t e m
m e a m   a l t e r i   n o n   d a b o. Et : A u d i,
I s r a e l,   D o m i n u s   D e u s   t u u s 40
D e u s   u n u s   e s t. Et : N o m e n   m e u m
n o n   q u e r a s,   D e u s   n o m e n   e s t
m i h i.

Si ergo unus Deus, uni hoc competit nomen. Unus

16, 36, I Ioh. V, 10. — 37. Exod. III, 14. — 38, Isai. XLIII,
11 et Deut. XXXII, 39. — 39, Isai. XLII, 8 et XLVIII, 11. —
41, Deut. VI, 4. — 43, Isai. XLVII, 8.

16, 14, creaturae. — 15, quae. — 18, quae, institutae. — 30,
quae. — 31, hebetudo, quae, quae, 32, dicens. — 33, quae. — 36,
Cf. Tertull (adu. Prax. C. XXVIII): Mendacem notat eum. —
42, quaeras.

autem iam non erit, nisi in Patre Deo Filius Deus sit. 45
Et merito Dominus iuxta Prophetam, qui dixerat :
B e n e d i c t u s   q u i   u e n i t   i n   n o -
m i n e   D o m i n i,   E g o,   inquit,   u e n i
i n   n o m i n e   P a t r i s   m e i. Quod nomen
Patris nisi Dei nomen et Domini? Quod Iohannes in 50
Filio recognoscens : Q u i   e s t,   inquit,   e t   q u i
e r a t,   e t   q u i   u e n t u r u s   e s t   o m -
n i p o t e n s.

IX. 17. P a t r e m,   inquit,   i n i t i u m
n o n   h a b e r e. Quis negat ? Sed, puto, et immago
Nam quœ necessitas id de Patre adseuerare quod
notum est, nisi preiudicium eius opinionis quœ de
Filio paria suscepit ? P a t r e m, inquit,   i n i t i u m   5
n o n   h a b e r e. Quis negat ? Sed, puto, et immago
inuisibilis et ingeniti Dei non potest cœpisse post
Deum. Denique interroganti Moysi quis esset, respon-
dit : E g o   s u m   q u i   s u m   s e m p e r.
Erat enim semper qui est et erit semper. De quo 10
Ioannes: Q u o d   e r a t   a b   i n i t i o   o c u -
l i s   n o s t r i s   u i d i m u s.   Et rursum :
A d n u n t i a u i m u s   u o b i s   u i t a m
e t e r n a m   q u œ   e r a t   a p u d   P a t r e m,
utique et in Patre. Nam quod ex ipso erat extra ipsum 15
esse non poterat. Et sane cum dicitur : E r a t   i n
i p s o   t e m p u s, non ipse fuisse in tempore
nuntiatur. Aeternœ enim substantiae uis non facta est
a Deo, sed egressa a Deo. Ideo : E t   e g o, inquit,
a P a t r e   e x i u i. Et : E g o   e t   P a t e r 20
u n u m   s u m u s.   Et : Q u i   m e   u i d i t,
u i d i t   e t   P a t r e m. Et : E g o   i n   P a t r e

16, 48 Ps. CXVII, 26. — 49, Ioan. V, 43. — 53, Apoc. I, 8.
17, 9 Exod. III, 14. — 12, I Ioan. I, 1. — 14, I Ioan. I, 2. —
20, Ioan. XVI, 28. — 21, Ioan. X, 30. — 22, Ioan. XIV, 9.

17, 3 quae. — 6, imago. — 14, aeternam quae. -- 18, Aeternae.

et P a t e r i n m e . Et : Q u i m e m i s i t m e -
c u m e s t . Ideo et Dauid : T e c u m p r i n c i -
p i u m i n d i œ u i r t u t i s t u æ . Dei enim Uer- 25
bum, hoc est Dei Filius, ante omne principium c u m
e o , q u i e x e o e t i n e o cui nullum potest esse
principium. Inuenimus quidem dixisse Salomonem ex
persona Sapientiæ quam Christum esse defendimus :
D o m i n u s c o n d i d i t m e e t a n t e s e - 30
c u l u m f u n d a u i t m e e t p r i o r a b y s-
s o s g e n i t a s u m . Sed non ideo credendum
est Deum factum. Nam si factus est, non fuit ; si non
fuit, non erit. Et quomodo Deus, cui, ne Deus sit,
utraque conditio prescribitur? Ideo autem Sapientia Dei 35
nata et condita nuntiatur, ne quid preter ipsum Deum
Patrem, qui est etiam suis origo uirtutibus, crederetur
in natura. Exinde enim recte diceretur ex ipso et in ipso
creata Sapientia, ex quo effulsit ab eo unigenita et beata
natiuitas.   40

18. Qui ergo probauerit sine uerbo, sine sapientia,
sine ratione, sine uirtute, sine spiritu aliquando Patrem
fuisse, his probauit cum Patre et in Patre Filium ante
omne principium non fuisse. Tamen nescio si his uirtutibus carens, Pater possit Deus dici. Non modo enim   5
Deus, qui in sua œternitate perfectus est, sed nec creatura quidem ulla, secundum suum genus consummata

---

17, 23 loh. XIV, 10. — 24. loh. VIII, 29. — 25, Ps, CIX,
3. — 27, cf. Rom. XI, 36. — 32, Prou. VIII, 22-24.

17, 25, die. — 27, cum eo et ex eo. — 30, saeculum. — 32,
abysso. — 35, praescribitur. — 36, praeter. — 37, Cf. Tertul. (adu.
Hermogen. C. XVIII) : Agnoscat... idcirco etiam Sophiam Dei natam et
conditam praedicari ne quid innatum et inconditum praeter solum Deum
crederemus.

18, 3, is probant. — 6, aeternitate. — 7, inconsummata.

constabit. Non potest enim quid esse non sit ; non erit
autem si et ille defuerit quod esse dedebit. Totum igitur defuit Patri, si aliquid defuit toto. Defuit autem si   10
Filius suus, hoc est uirtutum suarum plenitudo, initio
non caret. Et necesse est hanc opinionem alterutram
phasphemiæ partem profana et sacrilega definitione
transire : aut enim Pater credendus est cum Filio suo
initium fuisse sortitus, quia sine Filio, hoc est sine uir-   15
tutibus suis, esse non potuit ; et erit auctor huic illorum
initio nescio quis tertius Deus : aut si solus ipse sine initio dicitur, usque ad Filii generationem, inperfectus
fuisse dicendus est. Inperfectus enim, si cœpit habere
quod ante non habuit et habere tamen non debuit, deni-   20
que habere uoluit. In omnia autem habere debuit semper qui semper debuit esse perfectus, quia non recipit
augmentum quidquid occupaverit totum.

19. **P a t r e m , inquit, i n i t i u m n o n h a -
b e r e , i n u i s i b i l e m e s s e , i m m o r -
t a l e m e s e , i n p a s s i b i l e m e s e .** Hoc
ideo proponunt ut contraria his Filio adscribant. Quic-

18, 8, quid esse nisi habens per quod sit. Cf. Tertul. (de carn. Chr.
c. X) : Sed ne esse quidem potest (quid) nisi habens per quod sit. — 9,
illi. — 10, defui a toto. Cf. Hilar. (De Trinit. l. II, n. 29) : Imperfec-
tum est enim totum, si aliquid desit a toto.   13, in alterutram blasphemiae. — 20, habere tamen debuit (Bèze et Pithou). — 21, In omnia.

Cf. Fragmentum XVIII. (Texte de Mai rectifié par Mercati) : Qui ergo
probauerit sine uerbo, sine ratione, sine sapientia, sine uirtute, sine spiritu,
aliquando Patrem fuisse, his probauit Filium cum Patre et in Patre ante
omne principium non fuisse. Et tamen nescio si his uirtutibus carens possit
Deus dici. Non modo enim Deus, qui in sua sempiternitate perfectus est
sed nec creatura quidem ulla secundum genus suum inconsummata constauit.
Non potest quid esse, si non sit : non autem erit, si illi defuerit quod esse
debebit. Totum igitur defuit Patri, si aliquid defuit. Totum defuit autem,
si Filius suus, hoc uirtutum suarum plenitudo, initium non caret. Et necesse est hanc opinionem in alterutram blasphemiae partem profane sacrilega
definitione transire. Aut enim Pater credendus est cum Filio suo initium
fuisse sortitum, quia sine Filio suo, hoc est sine uirtutibus fuisse non potuit.
Etenim huic illorum initio nescio quis tertius Deus : aut si solus Pater sine
initio dicitur, utique ad Filii generationem imperfectus fuisse discendus est.
Imperfectus enim, si cœperit habere quod ante non habebat et habere tamen
debuit. Denique habere uoluit semper, qui semper debuit esse perfectus :
quia non accipit augmentum quidquid occupauit totum.

quid enim de Patre negant, de Filio confitentur. Qui, 5
si habere initium probatur, merito mortalis, merito passibilis.

Preiudicatum quidem esse deberet et cetera passio-
num genera in Filium non conuenire, prima propositio-
nis specie distructa, quœ initium dabat Dei Uerbo. 10
Ne quid tamen diffidentia pre cæteris quœ sunt profane
proposita, retractemus. Nam ut initium non habenti
adscribi cœtera, quœ sunt huic definitioni subiecta, non
possunt, ita si uni eorum adfinis deprehenditur,
œquum est etiam illa quœ fuerant defensa dissolui. 15

20. Inuisibilem, inquit, Patrem esse.
Quasi uero usquam inueniamus uel Filium sine transfi-
guratione fuisse uisibilem, antequam Patri obœdiens
fieret ex æternitate corporeus. Quamuis enim et
Abrahæ uisus sit et Iacob et Moysi et Isaiæ et Ezehie- 5
lo, tamen uisionis illius qualitas explicatur. In somno
enim et in speculo et in enigmate uisus refertur. Denique Moysi postulanti ut cognoscenter eum uideret :
Nemo potest, inquit, faciem meam
uidere, quia nemo qui eam uide- 10
rit uiuet.
Ergo hoc loco aput Patrem locutum fuisse conten-
dant qui inuisibilem esse se dicit, aut si Filium non negant hunc locutum sciant et illum suo nomine inuisibilem fuisse ut Sermonem, ut Spiritum.

21. Inuisibilis Deus denique quomodo uisus sit, ea-

20, 7, Num. XII, 6. – 11, Exod. XXXIII, 20.

19, 8, Praeiudicatum. Cf. Tertul. (Adu. Marcion ; I V, c, 6) :
praeiudicatum esse debebit. — 8, caetera. — 10, destructa quae. —
11, Legendum : Ne quid tamen diffidentiae deputetur. Cf. Tertul. adu.
Marcion. l. I, c. I. — 11, prae, quae. — 13 caetera quae. — 15, aequum,
quae.

20, 3, obediens. — 6, Ezechieli. — 7, aenigmate. — 8, cf. Tertul.
(adu. Marcion. IV, 22) : cognoscenter te uideam. — 12, aut. — 15, cf.
Tertul. (adu, Praxeam, c. XIV) :...Filium suo nomine eatenus inuisibilem
qua Sermo et Spiritus Dei.

dem Scriptura testatur. Refert enim locutum cum eo
Deum tamquam ad amicum, facie ad faciem. Ac deinceps subiungit postulasse Moysen ut faciem eius uideret, quam utique si uiderat non statim postulasset 5
uidendam. Ait quidem Iacob : U i d i D o m i n u m
f a c i e a d f a c i e m e t s a l u a f a c t a
e s t a n i m a m e a. Sed quomodo eam faciem uidendo saluatus est, quœ si uideatur, occidit ?
Quomodo et Dominus ostenderat faciem suam, quem 10
uideri non posse post modum dixit, nisi illa conditione
qua supra diximus, in speculo scilicet et in enigmate, in
somnio et uisione ? Hoc est ergo illam uisibilem mate-
riam adsumsisse cum placuit, statim uero inuisibilem
perseuerasse : quia necesse est si uisibilis docetur non 15
ex eo illum esse quem inuisibilem confitemur.

Sed hanc adsertionem ut questionibus Testamenti
Ueteris expediant, de Nouo Testamento sumant confirmationem. Ait enim Dominus et Deus, cum de Patre
loqueretur, n u l l i P a t r i s i m a g i n e m u i s a m. 20
Quœ si imago Patris ipse est Filius, ut Apostolus probat, negat uisibilem fuisse, dicendo n u l l i P a t r i s
i m a g i n e m u i s a m. Et ideo : N e c m e,
inquit, n o s t i s n e q u e P a t r e m m e u m,

1, 3, cf. Exod. XXXIII, 11. — 4, cf. Exod. XXXIII, 13. —
8, Gen. XXXII, 30. — 20, Ioh. V, 37. — 21, cf. II. Cor IV. 4.
— 24, Ioh. XIV, 7.

21, 9, quae. — 10, quam. — 11, postmodum. — 12, aenigmate. —
13, cf. Tertul. (adu. Prax. c. XIV) : Denique si sic Moysi locutus est Dominus ut est faciem eius cominus sciret, quomodo statim atque ibidem
desiderat faciem eius uidere quam, quia uiderat, non desideraret. Uidi,
inquit Iacob, Deum facie ad faciem et salua facta est anima mea. Alia debet
esse facies quae si uideatur, occidit. Aut numquid Filius uidebatur et sic
facies sed ipsum hoc in uisione et somnio et speculo et aenigmate. —
14, adsumpsisse, statu pro statim (Bèze). — 17, quaestionibus. — 18,
adsertionem si quaestionibus non expediam... sumam. Cf. Tert. (adu.
Prax. c. XV) : Si hunc articulum quaestionibus Scripturae Ueteris non
expediam, de Nouo Testamento sumam confirmationem nostrae interpretationis. — 21, quae.

et hic certe duos confirmat ignotos, tam autem duos 25
quam inseparatos. Nam si ipsum nossent et Patrem
nossent, quia, per indiuinitatem, neque nosci neque
ignorari alter sine altero poterat.

XI. 22. Similis igitur de mortali et passibili ratio
subsequitur. Nam si neque initium habet Filius, ut·
pote qui semper i n e o et fuerit et sit, cui initium
non datur, neque uisibilis qui in sinu inuisibilis per-
seuerat, iam nec mortalis nec passibilis habendus est: 5
ex ea tamen substantiœ parte qua Deus.

Scimus enim nihil Spiritum Dei passum dumtaxat
suo nomine, quia inpassibilis Deus, quia Deus Spiritus. Scimus quod omnis illa passio propriae carnis et
animœ, id est hominis, fuit. In quo quidem homine 10
cum pateretur, erat et Filius Dei cohœrens tamen illi
per naturam a quo uenerat Patri, et unitatis uinculum
seruans, in terris hominem gestabat, nec aberat a
cœlis. Sic mediator dictus, sic saequester utriusque
substantiœ. Non ergo passibilis Dei Spiritus licet in 15
homine suo passus, quem ideo nec in passione dese-
ruit ut ei pati posse prestaret. Quod Deum ita recipitur, fidei nostrœ ratio non stabit, dantes scilicet ei
hominis infirmitatem quendam non negant. Nam si et
initium habens dicitur et uisibilis docetur, et mortalis 20
inducitur, non uideo hab homine quod distet, in quem
regnant hujusmodi passiones.

22, 9, cf. Ioh. IV, 24. — 14, cf. I Tim. II, 5 ; Deut. V, 5.

21, 27, indiuiduitatem. Cf. Tert. (adu. Prax. c. XXII) : Nonne
duos demonstrat, tam duos quam inseparatos... quod si ipsum nossent,
Patrem nossent... quia per indiuiduitatem neque agnosci neque ignorari
alter sine altero potest.

22, 6, substantiae. — 10, animae. — 11, cohaerens. — 14, se-
quester. — 15, substantiae. 17, praestaret. — 17, loco Deum lege
nisi. — 18, nostrae. — 19, loco quendam lege quem Deum. — 21, ab.
— 22, Cf. Tert. (adu. Marcion. l. II, c. XVI) : In homine... haben-
tur huiusmodi passiones.

23. **C o n f i t e m u r**, inquit, **F i l i u m
D e i   D e u m   e x   D e o ,   l u m e n   d e
l u m i n e.** Uideri quidem sacrilegum non potest
perfectam fidei catholicœ professionem maligna disputatione uexare. Sed concedendum non est ut tollatur 5
nobis illud quod nobiscum non tenent, per hoc quod
nobiscum tenent. Agnoscimus igitur et cum uenera-
tione suscipimus communis fidei uerba, sed quid
faciemus? Sic uesance Arriomanitarum doctrina sic
tradit et ipsa enim dicens Deum ex Deo, lumen ex 10
lumine, facit ex Deo alterum Deum, ex lumine alterum
lumen, ut sit Filius ex Patre et non in Patre, hoc est
ut factus Deus a Deo, non sit unigenitus in Deo.

Sed quid hic amplius, cum nonnullorum ex his qui
nuper ad nos hanc fidem egregiam miserunt, scripta 15
teneantur quibus dicentes : Deum ex Deo, lumen ex
lumine, tamen separatum a Patre e penitus excisum
heretica disputatione docuerunt.

24. **I p s u m**, inquit, **F i l i u m   D e i   h o-
m i n e m   d e   M a r i a   s u s c e p i s s e,
p e r   q u e m   c o m p a s s u s   e s t .** Cognoui
igitur omnia fine claudentes, quod mente concepe-
rant, scriptura confessi sunt, respondente ea sensui 5
suo et occulta eorum uenena reserante, dicentes scilicet: **F i l i u m   D e i   h o m i n e m   d e   M a r i a
s u s c e p i s s e   p e r   q u e m   c o m p a s-
s u s   e s t.** Primum non uideo cur maluerint com-
passibilem dicere quam libere passibilem confiteri, 10
quasi uero aliud sit conpati quam pati. Porro autem
si inpassibilis Deus, utique et inconpassibilis. Tamen

24, 16, II Cor. XIII, 4.

23, 4, catholicae. — 9, uesanae. — 18, haeretica.
24, 3, loco cognou. lege congruo. - 12, Legendum : Tam,… non est
quam. Cf. Tertul. (adu. Prax. C. XXVIII : quid est enim conpati
quam cum alio pati. Porro si impassibilis est Pater utique incompassibilis…
Tam autem incompassibilis est Pater quam incompassibilis est Filius ex
ea condicione qua Deus est.

ergo conpassus non est tamquam nec passus est, ex
ea tamen conditione qua Deus.

Denique Apostolus : P a s s u s   e s t, inquit, 15
e x   i n f i r m i t a t e, utique carnis. C a r o
enim i n f i r m a,   s p i r i t u s   p r o m p-
t u s.   S e d   u i u i t   e x   u i r t u t e   D e i,
utique ex semetipso. Ipse enim D e i   u i r t u s,
habens uitam in semetipso, quod credimus Dominum 20
nostrum ex duabus substantiis constitisse : humana
scilicet atque diuina, et ita illo immortalem fuisse
diuinam ut mortalem quœ fuerit humana : ex una
enim natus, ex alia probatus; ex una immortalis, ex
alia mortalis. Denique idem Apostolus : C h r i s- 25
t u s, inquit, m o r t u u s   e s t, id est unctus.
Hoc enim nomen ad unctionem deducitur. Si ergo non
aliud quam caro uncta est, caro igitur tantummodo
mortua dicitur, quoties Christus mortuus nuntiatur.

XII. 25. Sed si quis extorquere e duobus alterum
uellit, ut aut unum Deum singulariter determinemus,
si unum fatemur, aut duos libere profanamus, si et
Patrem Deum et Filium Deum dicimus, illud ante
omnia sciant, nec unum nos cum preiudicio, nec duos 5
dicere, quia unum dicimus in duobus, ipso Domino
suggerente : E g o   e t   P a t e r   u n u m   s u-
m u s, ut duo crederentur in una uirtute. Non enim

. 24, 16, 1 I, Cor. XIII, 4.   18, Mat. XXVI, 41. — 19, 1 I, Cor.
XIII, 4. — 19, I Cor. 1, 24. Cf. Ibid. 1, 18. — 26, I Cor. XV, —
3. Cf. Rom. V, 9. 25, 8 Ioh. X, 30.

24, 22, illi. — 23, et mortalem quae. — 24, pro probatus lego
prolatus (Bèze), sed legendum probatus. Apud Tertull. probare =
ostendere. — 29, Cf. Tertull. (adu. Prax. C. XXIX) : quanquam
cum duae substantiae censeantur in Christo Iesu, diuina et humana, constet
autem immortalem esse diuinam sicut mortalem quae humana sit apparet...
Dicendo denique, Christus mortuus est, id est unctus, id quod unctum est
mortuum ostendit, id est carnem.

25, 2 uelit. — 3, proferamus. — 5, praeiudicio. — 8, Cf. Tertul.
(adu. Prax. C. XXII)... ut duo tamen crederentur in una uirtute.

dixit tamquam ex una persona Patris et Filü quasi Filio
Patrem se confirmans : F i l i u s   m e u s   s u m. 10
Et : E g o   h o d i e   g e n u i   me. Et : A n t e
l u c i f e r u m   g e n u i   m e.   Et : D o m i -
n u s   c o n d i d i t   m e   i n i t i u m   u i a -
r u m   m e a r u m ; a n t e   s e c u l a   f u n-
d a u i t   m e. Et : E g o   e t   P a t e r   u n u m 15
s u m. Sed reddens notitiam sacramenti distinctione
non diuisione personarum : E g o, inquit, i n P a t r e
e t   P a t e r   i n   m e. Et : E g o   e t   P a-
t e r   u n u m   s u m u s. Et : Q u i   m e
u i d i t,   u i d i t'   e t   P a t r e m. Uideri 20
enim Patris Filius, imago uera et figura expressa substantiae eius, hoc est Dei Sermo, non sonus uocis, sed
res substantiua, ac per substantiam corpulentiua. Non
enim sine substantia constitit quod de tanta substantias
fecit. 25

Nihil ergo uacuum de pleno, nihil inane de solido,
quia Dei Sermo Spiritus Dei instructus est ; et, ut
euidentius dicam, Sermonis corpus est Christus. Corpus

25, 10, Ps. 2, 7. — 2, Ps. 2, 7.   12 Ps. CIX 3. —
14, Prou. VIII, 22. — 15, Ecclis. XXIV, 14. — 18, Ioh. XIV,
10.   20, Ioh. XIV, 9. — 21, II Cor. IV, 4. — 22, Haebr. I, 3.

25, 9 Filius. — 14, saecula. — 16, Cf. Tertul. (adu. Prax. C.
XI) : ...si uclis ut credam ipsum esse Patrem et Filium, ostende sic
pronuntiatum alibi : Dominus dixit ad se : Filius meus sum ; Ego hodie
generaui me ; proinde et : Ante luciferum generaui me, et : Dominus con-
didit me initium uiarum mearum ; Ante omnes colles generaui me, et si
qua alia in hunc modum sunt. — 23, Cf. Tertul. (adu. Prax. C.
XXVI) : res substantuia.   corpulentiua. Cf. Tertul. (adu. Hermog.
C. 35) : ...cum ipsa substantia corpus sit rei cuiusque. — 25, quod de
tantas substantias etc, lege quod de tanta substantia processit, et tantas
substantias fecit, ut in Tertul. (adu. Prax. C. VII.) : Nec carere substantia quod de tanta substantia processit et tantas substantias fecit. — 26,
Cf. Tertul. (adu. Marcion. l. III, C. 8) : Nihil solidum al inani,
nihil plenum a uacuo perficit licuit. — 27, Cf. Tertul (adu. Prax. C.
XXVI) : Spiritus Dei idem erit Sermo ... Spiritum quoque intelligimus in
mentione Sermonis, etc.

enim spiritus, sed ꞔorpus sui generis. Nam et inuisibilis et inconprehensiᵇilis spiritus. Numquid tamen 30 inane et uacuœ res Deus? D e u s e n i m s p iritus est. Denique : N e m o s c i t, inquit, q u œ s u n t i n D e o, n i s i S p iritus qui in ipso est. Legimus quidem : Q u i s c o g n o u i t s e n s u m D o- 35 m i n i a u t q u i s c o n s i l i a r i u s e i u s f u i t? Nemo utique, sed extra Spiritum suum nemo. Quem Spiritum profeta sapientem architectum et admirabilem consiliarium dicit, nec immerito. Nam idem Spiritus Sermo et Sapientia Dei est. 40 Ex cuius persona Salomon : C u m p a r a r e t, inquit, c œ l u m e g o a d e r a m i l l i. Et : E g o, inquit, e r a m c u m i l l o e t m i h i a d g a u d e b a t. Non ergo consiliarius nemo, quia p e r i p s u m f a c t a s u n t 45 u n i u e r s a q u œ f a c t a s u n t. Denique cum eadem Sapientia et Uerbum et Spiritus Dei sit singularum tamen nominum officia nuntiantur. Sapientia condenti omnia Patri aderat: S e r m o n e e i u s c œ l i s o l i d a t i s u n t, e t 50 S p i r i t u o r i s e i u s o m n i s u i rt u s e o r u m. Adparet ergo unum eundemque uenisse nunc in nomine Spiritus, nunc in uocabulo Sermonis, nunc in apellatione Sapientiœ.

26. Ergo hic Sermo, c u m i n f o r m a

25, 32, Ioh. IV, 24. — 34, I Cor. II, 11. — 37, Rom. XI, — 34. Cf. Sap. IX, 13 ; Isa. XL, 13. — I Cor. II, 16. — 39, Isa. II, 3 et IX, 16. — 42, Prou. VIII, 7. — 44. Prou. VIII. 30. — 46, Ioh. I, 3. — 49, cf. Prou. VIII, 30. — 52, Ps. XXXII, 6.

25, 29, Cf. Tertul. (de carne Christi, C. XI) : Spiritus enim corpus sui generis. — 31, inanis, uacua. Cf. Tertul, (adu. Prax. C. VII) : Vacua et inanis res est Sermo Dei ?. — 33, quae. — 38, Propheta. — 46, quae. — 48, singularium. - 54, Sapientiae. Cf. Tertul. (adu. Prax c. VII) ; Apparet unam eamdemque uim esse nunc in nomine Sophiae, nunc in appellatione Spiritus.

D e i   e s s e t ,   Sapientia et ratione et Spiritus ratione et Spiritus uirtute constructus, hoc est totam
uim Dei possidens, n o n   s e   D e o   P a t r i
a d œ q u a u i t ,   s e d   f o r m a m   s e r u i   5
a c c i p i e n s   h u m i l i a u i t   s e   u s-
q u e   a d   m o r t e m .   Induerat enim quod ser-
uire,   quod mori posset, hominem scilicet, quem
excitatum exhibuit ad cœlum, ut secundus Adam per
obœdientiam restitueret quod primus transgressione 10
perdiderat. Si quis igitur adhuc et de Apostolo requirit
Dominicum statum, id est singularis substantiæ duali-
tatem, quœ per naturam auctori suo iungetur, audiat
ad compendium, quid idem Apostolus senserit cum
Dei Patris   i n u e s t i g a b i l e s   u i a s   e t 15
r e c o n d i t a   r e t r o   s a c r a m e n t a
loqueretur : E x   i p s o, inquit,   e t   p e r   i p-
s u m   e t   i n   i p s o   o m n i a. Cum dicitur:
P e r   i p s u m, agnosco Filium significari ; legi
enim : P e r   i p s u m   o m n i a. Cum I n 20
i p s o nuntiatur, nihil noui est ;   i n   i p s o enim
omnium seminum initia constiterunt. Sed cum refertur
E x   i p s o,   certe ad Patrem,   ut ad rerum omnium
respicitur auctorem. Et si ita et ut quomodo his ratio
constabit distincta iungentibus, hoc est referentibus ad 25
usum omnia ;   cum alius sit ex quo omnia et alius per
quem omnia, quia alius ingenitus,   alius   unigenitus,
nisi illa conditione quœ recte dicitur : et ex Filio omnia,
dum in eius corde est per naturam ex quo omnia ;

26, 2. Philip. II, 6. — 11, cf. Rom. V, 12, 21 et I Cor. XV,
22 et 45. — 15, Rom. XI, 33. — 16, Eph. II, 8, 9.   18, Rom.
XI, 36. — 20, Ioh. I, 3. — 21, Col. I, 16. — 23, I Cor. VIII, 6.

26, 3, Cf. Tertul. (adu Prax. c. 7) : Spiritu constructum. — 5,
adaequauit.   — 8, cf. Tertul. (adu. Marcion. l. III, c, 9) :... in qua
(carne) natus est ut et mori posset. — 10, obedientiam.   13, quae. |
Jungitur (Bèze, Pithou). 24. Et si ita est, ut est. — 26, unum. —
27, cf. Tertul. (adu. Prax. C. 9) : Alius qui generat, alius qui genera-
tur... alius qui facit, alius per quem fit. — 28, qua.

et per Patrem omnia, dum in eo semper est per quem 30
omnia et in quo omnia. Pater enim sensum agit, Filius
uero, qui in Patre sensum est, uidens perficit. Non
ergo Apostolum temere pronuntiasse credendum est,
sed illud credendum non ita est credidisse, Filium
scilicet Dei secundum carnem factum esse quod non 35
erat ; secundum Spiritum uero est quod fuerit ; quia
quod fuit semper non potest non fuisse.

XIII. 27. Tenenda est igitur ratio quœ per arduum
et angustum tramitem repit, circumiacentibus hinc et
inde preruptis zabolica fraude cœcata plana et facilia
summittunt, ut in ruinam mergant excessus. Nam ut
unum Deum singulariter nominamus, excludentes 5
uocabulum secundœ personœ, furorem eius heresis
adprobamus quœ ipsum adserit Patrem passum ; si
admittimus numerum cum diuisione iungimur cum
Arrianis, qui factum a Deo Deum nouamque adserunt
ex nihilo substantiam constitisse. 10

Tenenda est igitur, ut diximus, regula quœ Filium
in Patre, Patrem in Filio confitetur, quœ unam in
duabus personis substantiam seruans, dispositionem
Diuinitatis agnoscit. Igitur Pater Deus et Filius Deus,
quia in Patre Deo Filius Deus. 15

Hoc si cui scandalum facit, audiet a nobis Spiritum esse de Deo, quia illi cui est in Filio secunda persona, est et tertia in Spiritu Sancto. Denique Dominus :
P e t a m, inquit, a P a t r e m e o e t
a l i u m a d u o c a t u m d a b i t u o b i s. 20
Sic alius a Filio Spiritus, sicut alius a Patre Filius. Sic
tertia in Spiritu ut in Filio secunda persona : unus

. 27, 20 loh. XIV, 16.

26, 31, sensu. — 32, sensus. Cf. Tertul. (adu. Prax. c. 15) : Pater
enim sensu agit. Filius uero qui in Patre sensus est, uidens perficit. 34,
sed illum credendum est ita credidisse, (Pithou). — 36, uero esse.

27, 1, quae. — 3, praeruptis, quae zabolica (Bèze). — caecata. —
4, Nam si. - 6, secundae personae — haeresis. — 7, quae. — 9, Aria-
nis. 11, quae. — 12, quae.

tamen Deus omnia, quia tres unum sunt.

Hoc credimus, hoc tenemus, quia hoc accepimus a Prophetis, hoc nobis Euangelia locuta sunt, hoc Apos- 23 toli tradiderunt, hoc Martyres in passione confessi sunt : in hoc mentibus fidei etiam inheremus. Contra quod e t i a m s i A n g e l u s d e c œ l o a d n u n t i a u e r i t, a n a t h e m a sit.

XIV. 28. Sed non sum nescius his omnibus discussis et in lumen intellegentiæ publicae positis, antiquissimi sacerdotis et prompte semper fidei, Osi nomen, quasi quendam in nos arietem temperari, quo contradictionis temeritas propulsetur. Sed hanc 5 contra nos erigentibus machinam, breui admodum sermone respondeo. Non potest eius auctoritate prescribi, quia aut nunc errat, semper errauit. Nouit enim mundus quœ in hanc tenuerit œtatem, qua constantia apud Serdicam et Niceno tractatui adsessus sit et dam- 10 nauerit Arrianos. Quid si diuersa nunc sentit et quæcunque ab eodem retro damnata fuerant defenduntur, quœ defensa damnantur ? Rursum dico, non mihi eius auctoritate prescribitur. Nam si nonaginta fere annis male credidit, post nonaginta illum recte sentire non 15 credam ; aut si nunc recte, quid de his opinandum est, qui ab eodem signati fidei, in qua tunc ipse erat, de seculo transierunt? Quid et de ipso pronuntiaretur, si ante hanc sinodum dormisset? Ergo, ut supra diximus, preiudicatœ opinionis auctoritas nihil ualebit, 20 quia contra semetipsam ipsa consistit. Et sane legimus : l u s t i t i a i u s t i n o n s a l u a b i t e u m i n q u a c u m q u e d i e e x e r r a u e r i t. Amen.

27, 29. Gal. 1. 8. — 28, 24. Ezech. XXXIII. 12.

27, 23. Cf. Fragmentum XVIII : item Phœbadius : Pater Deus et Filius Deus et Spiritus Sanctus Deus, et haec omnia unus Deus. — 27, inhaeremus.

28, 3, promptae, Osii. — 4, quemdam. - 7, praescribi. — 8, aut semper. — 9, quae. — Aetatem. · 10, Sardicam, Nicaeno. — 11, Arianos, quaecunque -- 13, quae. — 14, praescribitur. — 17, fide. -- 18, saeculo. — 19, synodum dormisset. — 20, praeiudicatae.

IV. La seconde formule de Sirmium

Le *Contra Arianos* n'étant qu'une réfutation de la seconde formule de Sirmium, on a jugé à propos de mettre
d'abord, sous les yeux du lecteur, cette profession de foi.
Le document que nous donnons, avec sa traduction française, nous a été transmis par saint Hilaire, d'après l'original latin (1). On le trouve aussi dans saint Anathase et
dans Socrate, mais traduit en grec.

*Exemplum blasphemiae, apud Sirmium per Osium et
Potamium conscriptae.*

Cum nonnulla putaretur esse de fide disceptatio, dili-
genter omnia apud Sirmium, tractata sunt sunt et discussa
proesentibus sanctissimis fratribus et coepiscopis nostris, Ualente, Ursacio et Germinio.

Unum constat Deum esse omnipotentem Patrem, sicut
per uniuersum orbem creditur ;

Et unicum Filium eius Iesum Christum, Dominum,
Salvatorem nostrum, ex ipso ante soecula genitum.

Duos autem Deos nec posse nec debere proedicari, quia
ipse Dominus dixit : I b o a d P a t r e m m e u m et
P a t r e m u e s t r u m. Ideo omnium Deus unus est,
sicut Apostolus docuit : A n I u d oe o r u m Deus
t a n t u m ? nonne et gentium ? I m o
et gentium. Q u o n i a m quidem unus
D e u s, qui uistificat circumci-
sionem ex fide, et proeputium per
fidem.

_____

(1) *De Synodis.* II. P. L. t. X. col. 487 sq.

Sed cœtera conuenerunt nec ullam habere potuerunt discrepantiam.

Quod uero quosdam haud multos mouebat de substantia, quae Grœce u s i a appellatur, id est, ut expressius intelligatur, h o m o u s i o n quod dicitur, aut h o - m œ u s i o n , nullam omnino fieri oportere mentionem ; nec quemquam prœdicare ea de causa et ratione, quod nec in diuinis Scripturis contineatur, et quod super hominis scientiam sit, nec quisquam possit natiuitatem Filii enarrare, de quo scriptum est : G e n e r a t i o n e m e i u s q u i s e n a r r a b i t ? Scire autem manifestum est solum Patrem quomodo genuerit Filium suum et Filium quomodo genitus sit a Patre.

Nulla ambiguit est, maiorem esse Patrem. Nulli potest dubium esse Patrem honore, dignitate, claritate, maiestate, et ipso nomine Patris, maiorem esse, Filio ipso testante : Q u i m e m i s i t m a i o r m e e s t . Et hoc catholicum esse, nemo ignorat, duas personas esse Patris et Filii, maiorem Patrem, Filium subiectum cum omnibus his quæ ipsi Pater subiecit. Patrem initium non ha· bere, inuisibilem esse, immortalem esse, impassibilem esse, Filium autem natum esse ex Patre, Deum ex Deo, lumen ex lumine.

Cuius Filii generationem, ut ante dictum est, neminem scire nisi Patrem suum. Ipsum autem Filium Dei, Dominum et Deum nostrum, sicut legitur, carnem vel corpus, id est hominem, suscepisse ex utero Uirginis Mariæ, sicut Angelus prœdicauit. Ut autem Sripturae omnes docent, et et prœcipue ipse Magister gentium, Apostolus, hominem suscepisse de Maria Uirgine per quem compassus est.

Illa autem clausula est totius fidei et illa confirmatio, quod Trinitas semper seruanda est, sicut legimus in Euangelio : I t e e t b a p t i s a t e o m n e s g e n · t e s i n n o m i n e P a t r i s e t F i l i i e t S p i r i t u s S a n c t i . Integer, perfectus numerus Trinitatis est. Paracletus autem Spiritus per Filium est ; qui missus uenit, iuxta promissum, ut Apostolos et omnes credentes instrueret, doceret, sanctificaret.

Formule impie rédigée à Sirmium par Hosius et Potamius.

Quelque dissentiment s'étant produit à propos de la foi, toutes les questions ont été traitées et discutées soigneusement à Sirmium, en présence des très saints évêques, nos confrères, Valens, Ursace et Germinius.

Il est constant qu'il n'y est qu'un Dieu, tout puissant et Père, comme le croit tout l'univers, et il n'y a qu'un fils unique de Dieu, Jésus-Christ, le Seigneur, notre Sauveur, engendré de lui, avant les siècles. On ne peut et l'on ne doit pas enseigner qu'il y a deux Dieux, puisque le Seigneur lui-même a dit : *J'irai à mon Père et à votre Père, à mon Dieu et à votre Dieu.* Donc il n'y a qu'un seul Dieu de tous, comme l'a enseigné l'Apôtre : *Dieu est-il seulement le Dieu des Juifs ? Ne l'est-il pas aussi des Gentils ? Oui. sans doute, il l'est aussi des Gentils. Car il n'y a qu'un seul Dieu qui justifie les circoncis par la foi et qui, par la même foi, justifie les incirconcis.*

On fut d'accord sur tout le reste et il ne peut y avoir le moindre dissentiment.

Mais comme quelques-uns, en petit nombre s'affectaient à propos du mot substance, qu'on appelle en grec usia, c'est-à-dire, pour mieux nous exprimer, du terme omoùsion ou omoiusion, il fut décidé qu'il ne fallait absolument pas en faire mention, que personne ne devait l'employer pour ce motif et cette raison qu'il ne se trouve pas dans les divines Ecritures, que c'est un mystère qui dépasse l'intelligence de l'homme, que nul ne saurait raconter la naissance du Fils, suivant qu'il est écrit : *Qui racontera sa naissance ?* Il est clair que le Père seul sait comment il a engendré son Fils et le Fils comment il a été engendré par le Père.

Sans équivoque aucune, le Père est plus grand. Il est hors de doute que le Père est plus grand en honneur, en dignité, en majesté et par le nom même de Père, au témoignage du Fils lui-même. *Celui qui m'a envoyé est plus grand que moi.* Et nul n'ignore que d'après la doctrine catholique, il y a deux personnes, celle du Père et celle du

Fils, que le Père est plus grand et que le Fils lui est soumis avec tous les êtres que le Père lui a soumis. Le Père est sans commencement, il est invisible, immortel, impassible. Le Fils est né du Père, Dieu de Dieu, lumière de lumière.

Personne, sauf son Père, comme il est dit plus haut, ne connaît la génération du Fils. Quant au Fils lui-même, notre Seigneur et notre Dieu, il a pris, ainsi qu'il est écrit, une chair ou un corps, c'est-à-dire la nature humaine, du sein de la Vierge Marie, suivant la parole de l'Ange. Comme l'enseignent toutes les Ecritures et tout spécialement l'Apôtre, le maître des nations, il a pris de la Vierge Marie, la nature humaine par laquelle il a souffert.

Or la foi entière repose et s'appuie sur le dogme de la Trinité qu'il faut toujours observer, comme nous lisons dans l'Evangile : *Allez et baptisez toutes les nations, au nom du Père et du Fils et du Saint Esprit.* Le nombre de la Trinité est entier et parfait. Quant à l'Esprit, le Paraclet, il est par le Fils ; il a été envoyé et il est venu, selon la promesse, pour informer, enseigner, sanctifier les Apôtres et tous les fidèles.

V. Traité
de l'évêque Phébade
contre les Ariens

I. 1. — Si je n'avais sous les yeux cette fourberie d'une subtilité diabolique qui, dejà maîtresse de presque tous les esprits, leur fait prendre l'hérésie pour la vraie foi et condamner la vraie foi comme une hérésie, je me garderais bien de parler de ces écrits qui nous sont parvenus récemment, mes très chers Frères. Il suffisait, en effet, à notre conscience, dans sa candeur, de demeurer ferme dans sa foi, persuadé que nous sommes, qu'il vaut mieux tenir en sûreté nos propres croyances que de discuter des opinions différentes et étrangères. Mais puisque, comme nous l'avons dit, il nous faut embrasser l'hérésie pour être appelé Catholique, ou bien cesser d'être Catholique si nous ne rejetons pas l'hérésie, nous avons été forcément amené à composer ce traité, et à découvrir, autant qu'il nous appartient, le venin diabolique qui se dissimule sous des dehors modestes et religieux. Ainsi nous montrerons d'abord le mal caché sous des expressions innocentes en apparence, et le mensonge une fois dévoilé, la vérité opprimée pourra enfin respirer.

Nous devons donc détruire les opinions contraires afin qu'on croie les nôtres, et on ne les croira, suivant moi, que si les autres ont été détruites au point qu'on ne puisse plus croire que les nôtres. Puissé-je donc tout d'abord traduire devant la conscience publique, l'hérésie qu'une fourberie diabolique entoure d'obscurité. D'ailleurs, en la réfutant, je donnrai un gage de ma foi et je prouverai que je suis catholique. Sans doute, je le suis, comme je l'espère, devant Dieu d'abord, devant ma conscience ensuite, mais

encore je me montrerai tel à ceux qui ne se seront pas lais·
sés vaincre, ou par la crainte ou par l'ambition du siècle.

II. 2. — Partant donc du commencement de cette
confession non de foi mais de perfidie, et la parcourant
ensuite dans son entier, nous prouverons qu'il y a beau-
coup d'articles rédigés frauduleusement, en des termes qui
nous sont communs, que nous ne pouvons admettre ; qu'il
y en a aussi qu'on n'a pas eu la pudeur de masquer sous
une fausse ressemblance. En effet, ce n'est pas sans artifice
qu'on avance qu'il n'y a qu'un Dieu ; ce n'est pas sans
duplicité que l'on nie qu'il y en ait deux. Si l'on rejette
avec horreur le nom de substance, c'est uniquement pour
séparer le Fils du Père. En outre on rapporte que la naissance du Fils est inconnue ; cependant si l'on croit, selon
la vérité, qu'il est du Père, cette naissance est assez connue
par ce qu'il en dit lui-même. On dit que le Père est plus
grand que le Fils, non pas, entendez bien, à cause d'une
différence qui fait que le Père est plus grand que le Fils,
mais parce qu'on attribue exclusivement au Père tous les
biens de la gloire divine. Que si le Fils ne possède pas
également ces biens, on ne pourra plus dire qu'il est dans
le Père, car l'essence divine, éternelle et bienheureuse ne
peut rien admettre en elle-même qui ne lui soit propre. Or
toute propriété divine ne peut être que pleine et parfaite.
Et réciproquement le Père ne daignera pas être dans un
Fils incapable de le contenir tout entier. On nie que le Père
ait eu un commencement : c'est pour que l'on croie que le
Fils en a eu un, non pas relativement à son auteur, mais
par rapport au temps. Je pense bien que ce Fils auquel on
assigne un commencement, on ne l'exempte pas de la nécessité de finir. On dit encore que le Fils est soumis au
Père, non point certes comme tout fils à son père,
mais comme un esclave à son maître, alors que nous
lisons que l'esclave ne peut pas hériter. Enfin on al-
lègue qu'il est soumis à Dieu avec toutes les créatures ; on
proclame que le Père est invisible, immortel de manière à
faire entendre que le Fils est tout le contraire. Si donc nous
réfutons, l'une après l'autre, ces propositions, non pas
avec une présomption humaine, mais par l'autorité divine,

il s'ensuivra que la foi catholique est du côté où l'on conçoit Dieu tel que doit être celui qui est Dieu.   ◄

III. 3. — *Il est certain qu'il y a un seul Dieu.* Certes, je ne voudrais pas paraître n'apporter pour preuves dans cette discussion, que de méchantes conjectures, ni offenser par de malignes interprétations, la sainteté d'une foi toute simple. Mais il faut se reporter à Ursace, à Valens et à Potame qui bien souvent, dans les mêmes termes, ont confessé un Dieu unique avec ruse et artifice. Pour moi je n'ai trouvé aucune simplicité dans cette profession de foi, qui, de prime abord, grâce à la subtilité de l'hérésie, n'est pas sans séduction pour tromper les esprits ignorants, crédules, imprudents. Telle une coupe empoisonnée qu'un peu de miel fait passer.

Il est certain qu'il n'y a qu'un Dieu, tout puissant, le Père. Nul chez nous ne le nie, parce que nul ne l'ignore. Mais, comme il serait facile de le prouver par leurs écrits, nous disons qu'ici leur intention n'est pas tant de confesser qu'il n'y a qu'un seul Dieu mais que le Père seul est tout puissant. Car tout en ne voulant pas que le Fils le soit pareillement, ils ne laissent pas de confesser qu'il est Dieu. Ils ne nieront pas, je suppose, que c'est dans un sens tout différent. Par conséquent toute leur pensée, dans cette formule non de foi mais de perfidie, est bien de dire qu'il n'y a qu'un Dieu, le Père, plutôt qu'un seul Dieu. Ce qui ne les empêche pas, dans tout le corps de leur profession de reconnaître comme Dieu notre Seigneur lui-même, mais de façon à lui dénier la nature divine ; s'ils lui donnent le nom de Dieu c'est au sens qu'à nous aussi il a été attribué : *J'ai dit, vous êtes des dieux.* De ce nom encore Moyse fut précédemment gratifié : *Je t'établirai le Dieu de Pharaon.* Qu'on ne se figure donc pas émettre une profession intégrale de foi catholique si l'on confesse un seul Dieu le Père, sans dénier au Fils le titre de Dieu. Car Dieu le Père peut être appelé ainsi seul Dieu de façon à faire entendre, non qu'il n'y a qu'un Dieu, mais que seul le Père est Dieu. De même le Fils peut être appelé Dieu, sans qu'il soit vraiment Dieu.

IV. 4. — *Nous savons qu'on ne peut et qu'on ne doit pas proclamer deux dieux*. Mais cela n'est jamais sorti de notre bouche qu'il y a deux dieux. Dieu, en effet, s'il n'est pas unique et vrai n'est pas Dieu. Mais ce qui doit fixer notre attention, c'est le but que vise une telle déclaration, c'est la perfidie qui a inspiré toute cette machination, c'est la scélératesse à laquelle tendent des expressions qui nous sont communes. Tout de suite, en effet, ils exposent pourquoi ils nient qu'il y ait deux dieux : « Parce que le Seigneur lui-même a dit » : *Je vais vers mon Père et votre Père, vers mon Dieu et votre Dieu*. Cette déclaration, basée sur une mauvaise interprétation, n'est pas à d'autre fin que de séparer le Fils du Père et de le placer au-dessous du Dieu tout puissant, pour l'abaisser jusqu'à nous et par la condition de la naissance et par l'infirmité de l'humaine nature. Ils ajoutent ensuite : *Donc il n'y a qu'un seul Dieu de tous les êtres*. Par cette parole ils nient implicitement la divinité du Seigneur. Ainsi, en effet, il n'est pas soumis à Dieu le Pére comme Fils, mais en tant que créature. Et ici, je crois, pour montrer que si le Christ est appelé Dieu, c'est plutôt une façon de parler que l'expression d'une réalité, on revendiquera l'autorité de l'Apôtre parce qu'il a dit : *Et Dieu lui a donné un nom qui est au-dessus de tout nom*. Et même celle du Seigneur lui-même, affirmant qu'il n'est pas vrai Dieu par ces paroles : *La vie éternelle consiste à vous connaître, vous qui êtes le seul Dieu véritable* ; et celles-ci : *Pourquoi m'appelez-vous bon ? Il n'y a que Dieu seul qui soit bon* ; et encore : *Pourquoi ne cherchez-vous pas la gloire qui vient de Dieu seul et unique ?* — *Mais pour ce qui regarde ce jour et cette heure, qui que ce soit, excepté mon Père, n'en a connaissance*. O conducteurs aveugles, ô victimes de l'ambition du siècle, qui ne savez pas distinguer les deux natures du Seigneur, ayant chacune leurs propriétés différentes, et qui attribuez à sa nature divine ce qui est dit de son humanité, de manière à associer le Dieu qui est en lui à la faiblesse de l'homme.

5. — Et ces deux natures vous voulez qu'elles paraissent non pas unies mais confondues, comme l'affirme l'un

de vous, je veux dire Potame, dans une lettre qui nous a été transmise de l'Orient et de l'Occident. D'après lui, la chair et l'esprit du Christ ayant été mélangés par le sang de Marie et réduits en un seul corps, il en serait résulté un Dieu passible. Tout cela pour qu'on ne crût pas qu'il est de celui qui est, sans conteste, impassible. Vous avez donc formé de l'Esprit de Dieu et de la chair de l'homme, je ne sais quelle troisième entité, qui n'est plus vraiment Dieu, à la suite de cette transformation en chair ; qui n'est pas davantage vraiment homme, puisqu'elle a été le Verbe. Et alors si ce n'est ni l'un ni l'autre, il n'y a plus que celui, celui, entendez vous, qui, contre cette doctrine empoisonnée, a établi la distinction de ses deux substances d'après leurs propriétés et leurs opérations. Car, d'un côté, l'Esprit accomplit chez lui les actes de son ressort : c'est l'Esprit qui fait les miracles, les signes. De l'autre, la chair y remplit les fonctions qui lui sont propres : c'est elle qui eut faim pendant la tentation du démon, c'est elle qui eût froid au puits de la Samarie, alors que le Prophète a dit : *Le Dieu éternel n'aura n'y soif ni faim.* Qu'y a-t-il encore de l'homme dans le Christ ? Ses larmes sur Lazare et sur Jérusalem, ses angoisses en face de la mort. Mais encore ce qu'il a montré par ses actes ne l'a-t-il pas attesté par ses paroles ? *Ce qui,* dit-il à Nicodème, *est né de la chair est chair, mais ce qui est né de l'Esprit est Esprit.* Et aussi *La chair est faible, mais l'esprit est prompt.* Donc l'esprit ne se change pas en chair, ni la chair en esprit, comme le veulent ces brillants docteurs, de telle sorte que, par suite de cette fusion des deux substances, notre Seigneur et notre Dieu soit devenu passible. Or, s'ils veulent qu'on le dise passible, c'est pour qu'on ne croie pas qu'il est aussi impassible.

V. 6. — Mais qu'est-il nécessaire de fouiller bien profond pour découvrir le poison caché qui se glisse à travers les sophismes, le mettre au jour et l'exposer à tous les yeux ? Le voilà ce serpent, ennemi de la lumière, déroulant en cercles hideux, ses plis et ses replis, dans sa marche tortueuse, le voilà qui s'étale enfin dans toute sa laideur, dans toute sa monstruosité. Le venin qu'il distillait dans l'ombre tant qu'il n'avait que la liberté, maintenant qu'il triomphe, il le répand tout à la fois.

Des évêques ont porté cet édit : *Que personne ne prononce le mot de substance,* ou en d'autres termes : Défense d'enseigner dans l'Eglise que le Père et le Fils ont une seule essence. Qu'avez-vous fait, ô Pontifes d'heureuse mémoire, assemblés à Nicée de toutes les parties du monde ? Vous aviez formulé, d'après les Saintes Ecritures, en pesant chaque terme, une règle parfaite de foi catholique. offrant ainsi aux orthodoxes l'appui de votre suffrage, aux égarés un modèle de croyance. Est-ce là le fruit de vos travaux ? Est-ce là le résultat de vos soins infinis à détruire, de tous vos moyens, le mal dans ses premiers germes, par une exposition de la foi catholique ? On défend d'enseigner dans l'Eglise précisément ce que vous avez prescrit qu'on y enseignât pour démasquer les hérésies. On supprime ce que vous avez approuvé et on impose ce que vous avez condamné. L'édifice du mensonge ne pouvait s'élever que sur les ruines de la vérité. Mais la vérité ne peut pas être détruite ; elle est et sera toujours incorruptible, et ce n'est pas impunément qu'on aura jamais tenté de la violenter et de porter sur elle une main sacrilège.

7. — *Que personne ne prononce le mot de substance.* Quel mal, quel crime y a-t-il dans ce mot ? Par où choque-t-il la foi catholique ? Serait-ce par le son, serait-ce par le sens ? Si je ne m'abuse, le sens est à l'abri de tout reproche. En effet, on appelle substance ce qui tient l'être toujours de soi-même, c'est-à-dire ce qui subsiste en soi par sa propre vertu et tel est le privilège exclusif de la divinité.

Que ce mot soit fréquemment employé dans les divines Ecritures, même ceux, je pense, qui le renient, ne l'ignorent pas. C'est David qui fait dire au Christ : *Je suis descendu dans les profondeurs de la mer et je n'ai plus de substance.* Et aussi : *Ma substance au fond de la terre.* Et encore : *Ma substance est toujours devant vous.* Et enfin · *Ma substance est comme rien devant vous.* — *Que l'usurier examine sa substance.* C'est Salomon qui s'exprime ainsi : *Ta substance et ta douceur...* C'est Jérémie qui dit : *S'ils s'étaient fixés dans ma substance...* On lit dans les Proverbes : *La substance du riche est une ville fortifiée.*

On trouve aussi dans le même Livre : *Les pères partagent entre leurs fils leur maison et leur substance... Et le même encore : Mon fils fait l'aumône de ta substance.* Voyez aussi dans saint Jean : *Un homme qui posséderait de la substance de ce monde...* Et dans l'Evangile : *Voilà que je donne la moitié de ma substance.* Si nous avons ainsi accumulé les exemples, c'est pour que les personnes peu instruites ne se laissent pas surprendre par cette affirmation de nos adversaires que le mot substance n'est pas employé dans l'Eglise parce qu'il ne se trouverait pas dans les divines Ecritures.

Si donc le terme de substance n'est pas étranger aux Saintes Lettres, si d'autre part sa signification est irréprochable, il ne nous reste plus qu'à rechercher pour quelle cause on est si acharné à le rejeter. Or, en cherchant bien, nous trouvons que ce n'est pas au mot que l'on en veut, mais à sa portée. Si nous mettons cela en lumière, il apparaîtra que c'est nous qui donnons du nom une juste interprétation, que les autres le prennent à contre-sens, eux qui tout en cherchant les voies nouvelles d'une science profane se sont écartés du droit chemin des Evangiles.

8. — Mais avant de réaliser ce que j'ai promis, il s'agit de prévenir les objections. Nos adversaires, en effet, conviennent que le mot de substance se trouve bien dans les Livres saints, mais avec une tout autre acception que celle que nous lui donnons. Il y est, disent-ils, synonime ou de puissance ou de richesses. Et nous donc, lorsque nous revendiquons pour le Père et le Fils une seule substance, que prétendons-nous sinon qu'ils possèdent également tous les deux les richesses d'une seule divinité. C'est de ces richesses que l'Apôtre a dit : *Dieu a fait connaître les richesses de sa gloire, c'est-à-dire le Christ.* De même nous disons qu'ils n'ont l'un et l'autre qu'une seule puissance ou vertu, suivant cette parole du même Apôtre : *Le Christ est la vertu de Dieu.* Or cette vertu, qui n'a besoin d'aucun appui extérieur, est précisément, comme nous l'avons dit plus haut, cette substance qui ne doit qu'à elle-même tout ce qu'elle est. Donc ce mot n'offre rien de nouveau, rien d'étrange, rien d'offensant pour la Divinité, dans quelque acception qu'on veuille le prendre.

Mais, comme je l'ai déjà indiqué, toute cette querelle autour d'un nom provient de l'aversion qu'il inspire. Ce n'est pas le mot qui déplaît, c'est sa portée. Comment pourraient-ils souffrir que l'on proclame l'unité de substance et du Père et du Fils, ce qui signifie que l'un et l'autre possèdent en commun, avec une égale vérité : honneur, dignité, splendeur, vertu et majesté ; comment le pourraient-ils ceux qui séparent le Fils du Père, et, leur attribuant des substances distinctes, prétendent qu'ils subsistent chacun à part dans sa nature propre, sans commune participation à la Divinité. Donc cette explosion de blasphème, cette rage sacrilège, tout cela provient de ce que dans le Père et le Fils on n'admet qu'un seul Dieu. Les premiers qui ont jeté ce venin sont morts, mais non pas leur scélératesse et leur enseignement. Ceux-ci ne séparaient le Fils du Père que pour soutenir d'une bouche sacrilège que le Fils de Dieu avait bien été créé et établi avant les siècles, mais qu'il avait reçu de son Père l'être et la vie; qu'il n'était pas avant de naître et qu'il était bien Dieu mais non pas vrai Dieu. Les héritiers de cette confession non de foi mais de perfidie, qui propagent cette doctrine impie, ont naturellement en horreur ce mot : *une substance*. Ils veulent le supprimer comme une cause de scandale et de schisme, ne se doutant pas que ceux-là seulement méritent d'être appelés catholiques qui d'un commun accord professent cet article de foi.

VI. 9. — Or qui pourrait les souffrir de sang froid lorsqu'ils affirment de quelqu'un qu'il a eu un commencement, mais que sa naissance n'a aucune certitude. Il faut que ces deux choses soient également cachées, puisqu'elles se sont produites en même temps, ou bien qu'elles soient toutes les deux connues. L'une, en effet, ne peut être ni ignorée sans l'autre. Le Fils, dit-on, a un commencement, mais sa naissance reste cachée. Il y a bien quelqu'un qui a parlé le premier de ce commencement, pourquoi n'a-t-il rien dit de cette naissance ? Bien mieux, cette naissance même comment la connaît-on, puisqu'on prétend qu'elle est inconnue.

Mais ici ces malheureux, vides de toute bonne espérance, se retranchent derrière l'autorité du Prophète qui a dit : *Qui racontera sa naissance ?* Ils n'ont pas compris que le Prophète visait déjà dans son esprit, ceux qui devaient donner un commencement au Verbe de Dieu, c'est-à-dire au Fils de Dieu. *Qui racontera sa naissance ?* Nul mortel ne le pourra. Nul, en effet, ne l'a pu, sauf le Fils lui-même qui lisant dans le cœur de son Père, nous a révélé principalement le mystère de sa naissance. Car il est aussi écrit pour un cas semblable : *Qui connaît la pensée du Seigneur ?* Mais un autre passage nous l'apprend : *Sinon l'Esprit qui est en lui.* — *Qui racontera sa naissance ?* Cela veut dire : que personne ne se hasarde de raconter ce qu'il ne peut pas. Or pourquoi personne ne le peut-il ? Parce qu'il est non seulement de Celui et avec Celui, mais encore en Celui qui n'a pas eu de naissance, en possession de ces biens de la gloire divine qui étaient au pouvoir du non engendré, et ayant engendré, le Père n'a cessé d'avoir ce qu'il avait comme non engendré, puisqu'il a en lui-même celui qu'il a engendré. Donc s'il est dit que cette naissance ne peut être racontée, c'est qu'elle s'est faite sans conception et que Dieu le Fils est né de Dieu le Père à l'état parfait, d'autant que nous disons du Fils, selon les Ecritures : *De lui et avec lui et en lui.*

Pour qu'on ne se laisse pas troubler par les diverses interprétations dont ce texte est susceptible, il est bon d'en expliquer chaque terme, et, pour éviter la confusion, de le faire succintement. *De lui* s'entend du Père ; *Avec lui* se rapporte au Fils ; *En lui* exprime le principe de la substance. Tel est le sentiment unanime. Tenez-vous en à cette économie divine des mystères. Vous en savez assez.

Qui racontera sa naissance ? Qui donc pourrait raconter d'après nature une naissance qui est contre nature ? Il est le seul en effet, qui soit né conscient de sa naissance ; le seul qui se soit naturellement rendu compte — il était dans le Père — des précieux préparatifs de l'évènement, précisément à cause des conditions dans lesquelles il est né.

10. — *Qui racontera sa naissance ?* objectent nos adversaires et ils ajoutent qu'elle n'a été révélée à personne, d'autant qu'elle n'est connue que de lui seul et du Père. Ce qui à parler sans artifice et subtilité, revient à dire : Le

Père, il est vrai, a engendré le Fils, mais personne ne sàit d'où. Ainsi s'exprimaient les Juifs : *Nous savons que Dieu a parlé à Moïse ; mais pour celui ci nous ne savons d'où il est :* quoiqu'il arrive que ces mêmes adversaires se servent des mêmes termes que nous et qu'il ne soit pas rare de les voir répandre, sur des expressions innocentes, l'infamie de la fausseté hérétique, cependant comme presque tout ce qu'ils avancent est dirigé contre la vraie foi, il est nécessaire avec eux d'interprêter le moins par le plus, alors que le fait seul d'admettre la moindre erreur contre la foi, entraîne la ruine de la foi tout entière.

Nul ne sait, disent-ils, *comment le Fils a été engendré, excepté le Père seul.* Que signifie donc pareille allégation, puisque le Seigneur ne voulant pas que nous l'ignorions, a dit : *Je suis sorti de mon Père et du sein de mon Père.* O douleur ! Pourquoi n'a-t-il pas voulu que nous l'ignorions, nous qui étions voués aux ténèbres de l'ignorance ? Et certes il ne l'a pas voulu. C'est pour que nous ayant fait connaître son auteur, il ne laissât aucun doute sur sa nature. Il n'y avait plus, en effet, à chercher qui, comment ou quel il était. Mais si, à l'appui de leur thèse, nos adversaires font ici état de cette parole du Seigneur même : *Nul ne connaît le Père que le Fils et nul ne connaît le Fils que le Père,* nous saurons leur répondre et les empêcher de fausser le texte sacré. En effet, on lit tout de suite après : *Et celui à qui le Fils aura voulu le révéler.* Un secret n'est plus tout à fait un secret dès qu'il peut être révélé et qu'il est révélé à qui est digne de le savoir. Donc une connaissance n'est pas à l'abri du secret quand il ne faut qu'un motif pour la divulguer. En conséquence, si nous ne la possédons pas, n'accusons que notre indignité et ne taxons pas Dieu d'injustice de ce qu'il punit l'ignorance. Il ne la punirait pas s'il n'avait donné la science. Or la science il l'a donnée par le Saint-Esprit : *L'Esprit de vérité, dit-il* vous *enseignera toute vérité.* Quand il dit toute vérité, assurément il ne fait pas d'exception.

11. — C'est cet Esprit de science et de vérité qui a inspiré à Salomon cette parole sur la naissance du Seigneur · *Je rapporterai ce qu'est la Sagesse et qu'elle a été son origine et je remonterai jusqu'au commencement de sa naissan-*

ce. Donc par le même Esprit nous pouvons trouver ce que nous cherchons. Car dit aussi l'Apôtre : *Dieu nous l'a révélé par son Esprit. L'Esprit, en effet, pénètre tout, et même ce qu'il y a de plus caché dans la profondeur de Dieu... Nul ne connaît ce qui est en Dieu, que l'Esprit de Dieu.* Si donc, comme le montre le même Apôtre, cet Esprit habite en nous, nous pouvons nous insinuer dans les secrets de Dieu. Et de fait : *Cherchez, est-il écrit, et vous trouverez; demandez et on vous donnera ; frappez et on vous ouvrira. Et encore : Mon Père, ces choses que vous avez cachées aux sages, vous les avez révélées aux petits,* c'est-à-dire à nous, à qui le Seigneur à dit : *Pour vous, il vous a été donné de connaître le mystère de Dieu,* ce mystère dont parle l'Apôtre, *qui n'a pas été auparavant découvert aux enfants des hommes, mais qui maintenant a été révélé à ses saints.* Oui révélé. Dieu, en effet, a montré *les richesses surabondantes de sa gloire, par la bonté qu'il nous a témoignée dans le Christ,* qui est lui-même la gloire de Dieu le Père, lui-même vrai rejeton du non engendré. Soit : *Personne ne sait comment le Fils a été engendré.* Personne assurément, de ceux au moins dans lesquels, comme dit le Seigneur, *sa parole ne trouve point d'entrée,* de même que dans les Juifs auxquels le même Seigneur a dit : *Vous ne savez pas d'où je viens et où je vais, parce que vous jugez selon la chair.* Comment personne si le Père dit : *Mon cœur a proféré une excellente parole ?* Comment personne si le Fils dit : *Je suis sorti de la bouche du Très-Haut.* Ne cherchez pas davantage, vous n'avez plus rien à désirer. En effet, vous savez tout, car tout se résume en cette parole : *Je suis sorti de la bouche du Très-Haut.*

C'est bien là, en effet, la naissance parfaite du Verbe. C'est bien là le principe sans principe. C'est bien là une origine qui a un commencement dans la naissance, qui n'en a pas dans l'être lui-même. En effet il est sorti Dieu « nascible » du Dieu « innascible », Dieu unique du Dieu unique, vrai Dieu du vrai Dieu, Dieu parfait du Dieu parfait. Et ainsi naissant dans l'éternité et sans conception, il n'a pas commencé d'être et il est sans âge puisqu'il est de la même nature que son Père qui est avant tous les temps. Aussi bien il est écrit : *L'Esprit est Dieu, et né de Dieu il est éternel,* et de cette nature en quoi consiste l'éternité. Donc le Fils quoique étant né, n'est pas imparfait, parce qu'il est né d'un Père parfait. Le Père non plus ne s'est pas diminué en engendrant, parce que c'est de lui-même qu'il a engendré. En effet, tout le Père a donné tout le Fils de telle façon que, selon la vertu de l'Esprit, l'un fût tout entier dans l'autre tout entier.

VII. 12. — Mais voilà que nos malins docteurs ne se contentent plus de leurs machinations ténébreuses ; ils se dressent contre la vérité pour la combattre avec ses propres armes, ayant des cornes comme des agneaux et vociférant comme des dragons. Dans le dessein de séparer le Fils de son Père et de le mettre au-dessous de Dieu, ils allèguent ce passage de l'Evangile : *Le Père est plus grand que moi.* Comment plus grand ? Ils l'expliquent de suite avec leur préjugé hérétique : *En honneur, gloire, dignité, majesté.* Que s'il en est ainsi, pourquoi nous est-il ordonné d'honorer le Fils à l'égal du Père ? Que s'il en est ainsi, nous blasphèmons donc tous les jours, dans les actions de grâces et l'oblation des sacrifices, où nous confessons que ces prérogatives sont communes au Père et au Fils. Aussi bien le Fils ne peut pas ne pas avoir tout ce qui est au Père, puisqu'il est lui-même tout entier dans le Père. C'est ce qui a fait dire à saint Jean : *Nul ne vit jamais Dieu que le Fils unique qui est dans le Père.* De là cette parole du Seigneur : *Tout ce qui est à vous est à moi et tout ce qui est à moi est à vous,* et celle-ci : *Le Fils ne peut rien faire de lui-même,* et encore celle-ci : *Je ne suis pas venu faire ma volonté, mais la volonté de celui qui m'a envoyé.* Ces paroles évidemment ne sont pas un aveu d'infériorité, mais une affirmation d'unité. Il avait dit, en effet, et contre cette infériorité et pour cette unité : *Celui qui m'a envoyé est avec moi... Le Père qui est en moi fait ses œuvres... Les paroles que je vous dis ne sont pas de moi, mais de mon Père.* Par conséquent, tout ce qu'on enlève au Fils est retranché aussi au Père. Car l'un ne fait rien sans l'autre, parce que l'un ne peut être sans l'autre. Ni le Fils n'est Fils sans son Père, ni le Père n'est Père sans son Fils.

Le Père est plus grand que moi. Cependant la pléniu-

Je d'une même divinité est aussi dans le Fils. Comme dit l'Apôtre, *tout ce qu'il y a de promesses de Dieu est en lui.* A se montrer déférent, un fils change-t-il d'état ? Toute trace de divinité disparaît de la personne du Christ si on lui attribue une majesté autre que celle du Père. Elle sera autre si le Père est plus grand en majesté. Cette majesté parce qu'elle est une, n'appartenant qu'à Dieu seul, ne peut pas ne pas être parfaite. Inégale elle est imparfaite et elle est inégale si elle est moindre dans l'un des deux.

13. — Ici vous pensez peut-être avoir pour vous saint Mathieu, qui semble n'accorder au Fils de l'homme qu'un rang inférieur et subalterne. Mais lisez dans le même Evangéliste : *Le Fils viendra dans la majesté de son Père.* De cet avènement saint Luc dit aussi : *Lorsque viendra le Fils de l'homme avec sa gloire et celle de son Père.* Donc lorsque vous affirmez que le Fils de Dieu est inférieur en majesté, votre intention n'est pas tant de l'affirmer que de nier sa Divinité. C'est de lui, entendez-vous, c'est de lui que Salomon a dit : *Il est la splendeur de la lumière éternelle et le miroir sans tache de la majesté de Dieu.* Oui bien, miroir sans tache. Car il reflète la face de Dieu, et exprimant fidèlement ses traits, il reproduit l'image parfaite du Père. Et que pourrait-on ajouter encore à ce portrait dans lequel le Christ, notre Seigneur, s'est reconnu ?

Le Père est plus grand que moi. Plus grand, c'est très vrai, car lui seul est auteur sans auteur. Mais notez bien que l'Apôtre dit du Fils : *Toute la plénitude de la Divinité habite en lui corporellement.* Donc de même que le Fils est dans le Père, ainsi le Père est dans le Fils avec toutes ses perfections. Notez encore que Notre Seigneur après avoir dit que le Saint-Esprit procède du Père, ajoute : *Il recevra du mien.* De même saint Jean, après avoir dit : *Nous annonçons la vie éternelle qui était dans le Père.* continue ainsi : *Cette vie est dans son Fils.* Et si ensemble ou pris séparément, ils sont l'un et l'autre parfaits, cependant il n'y a qu'un seul Dieu parfait en tous les deux.

14.— *Le Père est plus grand que moi.* Plus grand, c'est très vrai, parce que lui n'est pas descendu dans le sein de la Vierge, contrairement à l'opinion de Sabellius, pour qui le Père et le Fils ne sont pas deux personnes, mais une seule sous deux noms différents. Cet hérétique a pourtant entendu le Père s'écrier par la bouche d'Isaïe : *Voici mon Fils que j'ai élu ; je placerai sur lui mon Esprit.* Qu'il reconnaisse donc aussi le Fils lorsqu'il dit par l'organe du même Prophète : *L'Esprit du Seigneur est sur moi, c'est pourquoi il m'a oint.* C'est en prévision de cette hérésie que le Seigneur disait : *Ne croyez-vous pas que je suis dans le Père et que le Père est en moi.* Certes il n'a pas dit : *Je suis le Père et je suis en moi*, mais : *Je suis dans le Père et le Père est en moi.* Par cette parole il a étouffé deux hérésies : le Sabellianisme et l'Arianisme. Il a ainsi enseigné que le Père et le Fils ne sont pas une seule personne, comme le veut Sabellius, ou deux substances, comme le prétend Arius, mais comme le confesse la foi catholique, une seule substance en deux personnes.

15. — Mais qu'est-il besoin d'arguments puisque le Seigneur lui-même a prononcé la sentence définitive ? *Tout ce que le Père fait,* a-t-il dit, *le Fils aussi le fait pareillement.* Comment *pareillement,* s'il ne peut prétendre à la totalité de cette gloire de son Père ? Mais c'est parce qu'il le peut que saint Jean dit avec raison : *Sans lui rien n'a été fait.* Et le Seigneur lui-même : *Le Père et moi nous sommes un.* Un par nature évidemment, parce que ce qui était dans le Fils de l'homme se trouvait aussi dans le sein du Père. Ecoutez encore : *Et vous me connaissez, dit-il, et vous savez d'où je suis ; et je ne suis point venu de moi-même ; mais celui qui m'a envoyé est vrai, et vous ne le connaissez point. Pour moi, je le connais, parce que je suis en lui et c'est lui qui m'a envoyé et je ne suis pas seul, mais il y a moi et celui qui m'a envoyé, le Père, et ainsi que le Père me connaît, je connais le Père.* Or je ne sais si le Fils aura pu connaître le Père, si ce Fils a eu un commencement. L'engendré, en effet, n'a pu connaître le non engendré avant d'avoir été engendré. Dès lors, par conséquent, il n'a pas connu le Père comme il en est connu, et ainsi il faut l'accuser de mensonge, reproche que le Seigneur ne peut encourir, et l'en accuser justement, si son affirmation ne tient pas debout. Or elle s'effondre s'il n'est pas vrai non seulement qu'il est sorti du Père, mais qu'il est et a toujours été dans son Père. *Le Père, est-il écrit, a mis tou-*

tes choses en sa main. Comment toutes choses, si ce n'est aussi de tout temps ? Et comment de tout temps, si le Fils n'est pas sans commencement ? Vous avez beau dire, en effet, qu'il est né avant tous les temps, cependant comme vous voulez qu'il n'y a pas de naissance sans un commen· cement et que ce qui a été fait n'a pas toujours été, je ne sais comment vous pourrez soutenir que le Fils a reçu tou· tes choses du Père et de tout temps.

VIII. 16. — *Le Fils,* dites-vous, *est soumis au Père avec toutes les choses que le Père lui a soumises.* Ce venin empoisonné vous le cachez sous le voile d'expressions étudiées. Nous, ce que nous avons appris de nos pères nous le prêchons toujours, et vous, ne laissez donc pas la doctrine des vôtres. Ceux-ci, entendez bien, ont dit franchement que le Dieu de la gloire céleste n'est pas vrai Dieu, mais une créature parfaite de Dieu. Vous cependant qui pensez comme eux, vous évitez les mots qui sentent trop le blasphème, et vous usez de termes équivoques afin d'abuser les esprits simples et sans défiance. Vous professez que le Fils est soumis au Père, non pas en raison de la relation de fils à père qui est entre eux, ainsi que l'enseigne l'Eglise sainte et catholique, mais, comme nous l'avons dit plus haut, en tant que créature. Car en disant du Fils *qu'il est soumis au Père avec toutes les choses que le Père lui a soumises,* ne le classez-vous pas dans l'ordre des créatures dont l'origine est dans le temps ? En effet, à vous en croire, il ne se distigue en rien de toutes les créatures, notre Dieu et Seigneur, sauf qu'il est le premier de la série, sauf qu'il est d'abord servi par elles pour ensuite servir avec elles. Il est bien serviteur également s'il doit aussi obéir, et tout Seigneur qu'il est d'une foule de sujets, il n'est Seigneur que par grâce s'il a été fait Seigneur par la grâce d'un autre Seigneur, et il est serviteur du fait même qu'il commande par ordre.

Voilà ce que vous dites en termes obscurs, ce que vos pères avouaient ainsi franchement : *Le Fils de Dieu est né du Père sans aucun temps il n'a pas été établi avant de naître.* Quel est, je vous le demande, cet endurcissement du cœur, cet abandon de toute espérance ? Bien mieux quelle aberration, quelle impiété est la vôtre d'appeler Dieu celui que vous assimilez à tous les êtres qui ont été faits de rien ! C'est en même temps se jouer du Fils que de lui attribuer le nom de Dieu, si le cœur dément ce qu'affirme la bouche, et traiter de menteur le Père qui a dit : *Je suis celui qui suis. — Je suis le seul Seigneur. — Je ne communiquerai pas à un autre ma splendeur. — Ecoute Israël : Le Seigneur ton Dieu est le seul Dieu. — Ne cherche pas mon nom, Dieu est mon nom.* Si donc il n'y a qu'un Dieu, ce nom n'appartient qu'à lui. Or il n'y aura qu'un seul Dieu que tout autant que Dieu le Fils sera dans Dieu le Père. Et suivant cette parole du Prophète : *Béni soit celui qui vient au nom du Seigneur,* le Seigneur a dit très justement : *Je suis venu au nom de mon Père.* Qu'est-ce que ce nom de Père si ce n'est le nom de Dieu et de Seigneur ; ce nom que saint Jean reconnaît au Fils, *qui est,* dit-il, *et qui était et qui doit venir, le Tout Puissant.*

IX. — 17. — *Le Père,* ajoute-t-on, *n'a pas de commencement.* C'est dire que le Fils en a un. Car quelle nécessité d'affirmer du Père, avec insistance, ce que l'on sait fort bien, si ce n'est pour préjudicier à l'opinion qui en revendique autant pour le Fils. *Le Père n'a pas de commencement.* Qui dit le contraire? mais, je pense, l'image du Dieu invisible et non engendré ne peut avoir commencé après Dieu. A Moïse qui lui demandait qui il était, le Fils répondit : *Je suis celui qui suis toujours.* Il était, en effet, toujours lui qui est et qui sera toujours. C'est de lui que saint Jean a dit : *Ce qui était depuis le commencement nous l'avons vu de nos yeux.* Et encore : *Nous vous annonçons la vie éternelle qui était chez le Père,* c'est-à-dire dans le Père. Car ce qui était du Père ne pouvait pas être en dehors de lui. Et assurément quand on dit : Le temps était en lui, on montre bien qu'il n'a pas été lui-même dans le temps. L'énergie de l'éternelle substance n'a pas été faite par Dieu, mais elle est sortie de Dieu. A l'appui nous avons ces paroles du Seigneur : *Et moi je suis sorti du Père ; mon Père et moi nous sommes un ; qui me voit, voit aussi mon père ; je suis dans le Père et le Père est en moi ; celui qui m'a envoyé est avec moi.* Nous avons aussi celle de

David : *Avec vous le principe au jour de votre force.* En effet, le Verbe de Dieu, c'est-à-dire le Fils de Dieu est avant tout commencement. Sans doute nous trouvons que Salomon a dit de la Sagesse que nous soutenons qui est le Christ : *Le Seigneur m'a formé et m'a fondé avant le siècle et j'ai été engendré avant l'abime.* Mais il ne faut pas croire pour cela que Dieu a été fait. Car s'il a été fait, il n'a pas toujours été ; s'il n'a pas toujours été, il ne sera pas toujours. Et comment serait-il Dieu si on lui impose ces conditions incompatibles avec la Divinité. S'il est dit que la Sagesse de Dieu est née et a été faite, c'est pour qu'on ne croie pas qu'en dehors de Dieu le Père, il puisse rien exister qui soit à soi-même son principe. Par suite, rien n'empêcherait de dire : La Sagesse qui est du Père et dans le Père a été créée dès lors que le Père a donné naissance à son Fils unique et bienheureux.

18. — Qui donc prouverait qu'il a été un seul instant sans son Verbe, sans sa Sagesse, sans sa raison, sans sa puissance, sans son Esprit, prouverait en même temps que le Fils n'a pas été avec le Père et dans le Père avant tout commencement. Je ne sais cependant si, sans ces facultés, le Père pourrait être appelé Dieu. En effet, non seulement Dieu, qui est parfait dans son éternité, mais même n'importe quelle créature ne saurait subsister sans ses éléments essentiels. Un être, quel qu'il soit, ne peut pas être ce qu'il n'est pas et il ne sera vraiment pas lui-même s'il manque de ce qui doit le constituer. Donc tout à manqué au Père s'il lui a manqué quelque chose de son tout. Or il lui a manqué quelque chose, si son Fils, la plénitude de ses facultés, n'est pas sans commencement. Et alors on aboutit fatalement à une conclusion sacrilège et impie par ce dilemne blasphématoire : Ou bien il faut croire que le Père a commencé avec le Fils, puisqu'il n'a pu être sans son Fils, c'est-à-dire sans ses facultés et alors ils devraient l'un et l'autre leur commencement à je ne sais quel troisième Dieu, où bien si le Père seul est sans commencement, il faut admettre qu'il est resté imparfait jusqu'à la naissance du Fils. Il a été imparfait, en effet, s'il a commencé d'avoir ce qu'il n'avait voulu avoir précédem-

ment. Or il a dû toujours tout avoir lui qui a dû toujours être parfait, car ce qui occupe le tout ne peut être augmenté.

X. 19. — *Le Père*, disent nos adversaires, n'a *pas de commencement; il est invisible, immortel, impassible*. Cela ils ne l'avancent que pour assigner au Fils tout le contraire. Tout ce qu'ils nient du Père, ils le confessent du Fils. lequel s'il est prouvé qu'il a commencé, ne peut être que mortel, ne peut être que passible. Or, le premier terme de la proposition, celui qui donnait au Verbe de Dieu un commencement, ayant été détruit, il devrait être préjugé que les autres défauts ne conviennent pas au Fils. Mais pour qu'il ne subsiste pas l'ombre d'un doute par rapport aux autres termes de cette proposition impie, ne craignons pas de les discuter. Car de même que les autres termes qui sont compris dans cette proposition ne sont pas applicables à un être qui n'a pas de commencement, de même par contre, s'il est vérifié qu'un seul de ces termes ne lui soit pas étranger, il est juste que les positions, jusque-là défendues, tombent.

20. — *Le Père*, disent-ils *est invisible*. Comme si vraiment nous trouvions quelque part que le Fils, au moins sans transfiguration, ait été visible, avant que, sur l'ordre de son Père, il eut quitté, pour s'incarner, l'éternel séjour ! Sans doute il a été vu d'Abraham, de Jacob, de Moïse, d'Isaïe, d'Ezéchiel mais on explique ce genre de vision. On nous apprend qu'il a été vu en songe, comme dans un miroir et en énigme. Ecoutez ce qu'il répond à Moïse qui lui demande de le voir à découvert : *Nul*, dit-il, *ne peut voir ma face ; car nul après l'avoir vue, ne vivra*. Donc, ou bien que nos adversaires prétendent que c'est ici le Père qui a parlé, lui qui s'est dit invisible, ou bien s'ils ne nient pas que ce soit le Fils, qu'ils sachent que, pris en lui-même, il n'a pas cessé d'être invisible, en tant que Verbe, en tant qu'Esprit.

21. — Comment le Dieu invisible a-t-il été vu, c'est l'Ecriture encore qui nous l'apprend. Elle rapporte en effet, que Dieu parla à Moïse comme à un ami face à face. Et après elle ajoute que le Prophète demanda à voir sa face. Assurément s'il l'eût vue, il n'aurait pas demandé tout

aussitôt à la voir. Jacob a dit, il est vrai : *J'ai vu le Seigneur face à face et ma vie a été sauve.* Comment a-t-elle été sauve en voyant cette face qu'on ne peut voir sans mourir ? Et comment le Seigneur a-t-il montré sa face, lui qui dira peu après qu'on ne peut la voir ? Ce ne peut être que dans les conditions que nous avons déjà indiquées, c'est-à-dire dans un miroir et en énigme, en songe et en vision. En résumé, il a revêtu, quand il lui a plu, une matière visible, car nécessairement, si l'on enseigne qu'il est visible, il n'est pas de celui que nous confessons qui est invisible.

Et si de l'Ancien Testament on passe au Nouveau, on y trouve la confirmation de cette invisibilité du Fils. En effet, notre Seigneur et notre Dieu a dit en parlant de son Père *que son image n'a été vue de personne.* Que si l'image du Père, comme l'affirme l'Apôtre, est le Fils même, ce Fils déclare qu'il n'a pas été visible lorsqu'il dit : *L'image du Père n'a été vue de personne.* De là cette autre parole de lui. *Vous ne connaissez ni mon Père ni moi.* Et ici il affirme, en toute évidence, qu'ils sont tous les deux inconnus, à la fois distincts et inséparables. Car si on le connaissait lui-même, on connaîtrait aussi le Père, car en raison de leur individuité, ils ne peuvent être connus ni ignorés l'un sans l'autre.

XI. 22. — Nous allons prouver maintenant, par un raisonnement semblable qu'il n'est ni mortel ni passible. En effet, s'il n'a pas de commencement parce qu'il est et a toujours été en celui qui n'a pas de commencement ; s'il est invisible parce qu'il demeure dans le sein de l'Invisible, on ne peut pas dire non plus qu'il est mortel et passible, au moins dans la partie divine de sa personne. Car nous savons que l'Esprit de Dieu, en tant que tel, n'a pas souffert, parce que Dieu est impassible et que l'Esprit est Dieu. Nous savons que tout ce qui est souffrance dans le Christ est le lot de son corps et de son âme, c'est-à-dire de son humanité. Tout en souffrant dans son humanité, le Fils de Dieu restait substantiellement uni à son Père d'où il était venu, et, sans rompre le lien de l'unité, il se comportait en homme sur la terre tout en n'étant pas absent des cieux.

C'est ainsi qu'il est appelé le médiateur ,l'entremetteur des deux natures. Donc l'Esprit de Dieu n'est pas passible bien qu'il ait souffert dans son humanité et cette humanité il n'eut pas même à la quitter pendant sa passion pour lui laisser la faculté de souffrir. Que si l'on n'admet pas cette doctrine, notre foi ne pourra se justifier de donner au Fils la faiblesse de l'homme sans lui refuser le titre de Dieu. Car si l'on dit qu'il a un commencement, si l'on enseigne qu'il est visible, si l'on induit qu'il est mortel, je ne vois pas en quoi il diffère de l'homme qui est sujet à de telles misères.

23.. — *Nous confessons*, poursuit la formule, *que le Fils de Dieu est Dieu de Dieu, lumière de lumière.* Sans doute il ne faut pas que l'on puisse nous prêter l'intention sacrilège de faire une mauvaise querelle à une profession parfaite de foi catholique, mais nous ne devons pas permettre à nos adversaires de détruire, à l'aide des dogmes qu'ils admettent avec nous, ceux qu'ils n'admettent pas. Nous reconnaissons donc et nous recevons avec respect des termes qui expriment une commune foi, mais qu'allons nous faire ? Ces termes la perverse doctrine des Ariomanes nous les offre. Et par ces mots *Dieu de Dieu, lumière de lumière*, elle entend que de Dieu est sorti un tout autre Dieu, de la lumière, une tout autre lumière, de telle sorte que le Fils est bien du Père mais non dans le Père, c'est-à dire qu'ayant été fait Dieu par Dieu, il n'est pas, unique engendré, en Dieu. Mais pourquoi insister sur ce point, lorsque nous avons dans les mains les écrits d'un bon nombre de ceux qui nous ont envoyé naguère cette mirifique confession de foi, et que, dans ces pages, tout en disant : *Dieu de Dieu, lumière de lumière*, ils enseignent, par un raisonnement hérétique, que le Fils a été formé du Père par division et totale excision.

24. — *Le Fils de Dieu*, disent-ils enfin, *a pris dans le sein de Marie la nature humaine par laquelle il a compati* C'est ainsi qu'ils couronnent le tout par une digne conclusion. Les inventions de leur esprit ils les prêtent à l'Ecriture qu'ils sollicitent dans leur sens et lui font donner cours à un venin caché. *Le fils de Dieu, disent-ils, a pris dans le sein de Marie la nature humaine par laquelle il a compati.*

D'abord je ne vois pas pourquoi ils ont mieux aimé le dire *compassible* que de le reconnaître franchement *passible* ; comme s'il y avait une différence entre *compatir* et *patir*. Or si Dieu est *impassible*, il est non moins *incompassible* Donc il n'a pas plus *compati* qu'il n'a *pâti*, du moins en tant que Dieu. *Il a souffert*, dit l'Apôtre, *selon la faiblesse*, faiblesse de la chair évidemment. *Car la chair est faible et l'esprit est prompt.* — *Mais il vit par la vertu de Dieu*, c'est-à-dire par lui-même. Il est, en effet, la *vertu de Dieu* et il a la vie en lui. Aussi croyons-nous qu'il y avait deux natures en notre Seigneur, l'une divine et l'autre humaine, et qu'ainsi il était immortel selon la première et mortel selon la seconde. De fait suivant l'une il est né, selon l'autre il s'est révélé ; suivant l'une il est immortel, suivant l'autre il est mortel. Le même Apôtre a dit encore : *Le Christ est mort*, c'est-à-dire l'*Oint*. Ces deux mots, en effet, sont synomimes. Si donc la chair seulement a été ointe, il ne s'agit donc que de la mort de la chair toutes les fois qu'il est question de la mort du Christ.

XII. 25. — Mais peut-être voudra-t-on nous réduire à l'alternative ou de bien spécifier qu'il n'y a qu'un seul Dieu exclusivement, si nous n'en confessons qu'un, ou de reconnaître franchement qu'il y en a deux si nous disons que le Père est Dieu et que le Fils est Dieu. Alors, qu'on le sache avant tout, ce n'est pas sans juste raison que nous disons qu'il n'y a qu'un Dieu et qu'il n'y en a pas deux. Nous disons, en effet qu'il n'y en a qu'un mais en deux personnes. Le Seigneur lui-même n'a-t-il pas dit : *Le Père et moi nous sommes un*, pour que nous croyions qu'ils sont deux dans une même essence. En effet, il n'a pas dit, comme si le Père et le Fils n'étaient qu'une seule personne, comme s'il voulait affirmer que le Fils est aussi le Père : *Je suis mon Fils..., aujourd'hui je me suis engendré..., avant l'étoile du matin je me suis engendré..., le Seigneur m'a établi le commencement de mes voies..., avant les siècles je me suis fondé..., le Père et moi je suis un* ; mais il nous faut connaître ce mystère en établissant une distinction non une division entre les personnes, par ces paroles : *Moi je suis dans le Père et le Père est en moi..., qui me voit, voit* aussi *mon Père*. Ce Fils visible du Père, cette image vraie, *ce portrait frappant de sa substance*, c'est-à-dire le Verbe de Dieu, n'est donc pas un simple son de voix, mais une réalité substantielle, si bien substantielle qu'elle est un corps. En effet ce qui provient d'une si riche substance et qui a produit tant de substances, ne saurait être sans substance. Ce n'est donc pas une forme vaine et inconsistante qui est sorti d'une pleine et solide entité, car le Christ c'est le Verbe de Dieu, l'Esprit de Dieu concrétisé, et, pour parler plus clairement c'est le corps du Verbe. L'Esprit, en effet, est un corps, un corps, il est vrai, *sui generis*, car l'Esprit est à la fois invisible et incompréhensible. Dieu serait-il une forme vaine et inconsistante ? Et pourtant *Dieu est Esprit*. Il est encore écrit : *Personne ne connaît ce qui est en Dieu, sinon l'Esprit qui est en lui*. Nous lisons il est vrai : *Qui a connu la pensée du Seigneur, ou qui a été de son conseil ?* — Personne assurément, mais personne sauf son Esprit, cet Esprit que le Prophète appelle *savant architecte et admirable conseiller*, et non sans raison. Car ce même Esprit c'est le Verbe et la Sagesse de Dieu, que Salomon fait ainsi parler : *Lorsqu'il préparait les cieux j'étais auprès de lui. Et aussi : J'étais avec lui et j'étais l'objet de sa joie*. Donc on ne peut pas dire : Personne n'a été de son conseil, puisque c'est *par lui, qu'à été fait tout ce qui a été fait*. Et bien que cette Sagesse soit à la fois et le Verbe de Dieu et l'Esprit de Dieu, cependant chacun de ces noms désigne une fonction différente. La Sagesse était auprès du Père pendant qu'il créait l'univers ; *par son Verbe les cieux ont été affermis et toute leur vertu par l'Esprit de sa bouche*. D'où il appert que c'est bien une seule et même personne qui répond ici au nom d'Esprit, là à celui de Sagesse.

26. — Donc ce Verbe, *étant dans la forme de Dieu*, tout imprégné de sagesse et de raison et de la raison de l'Esprit et de la Vertu de l'Esprit, c'est-à-dire possédant toute l'essence divine, *ne s'est point égalé à Dieu le Père, mais prenant la forme d'esclave, il s'est humilié jusqu'à la mort*. Il avait revêtu, en effet, une nature qui pouvait servir, qui pouvait mourir, c'est-à-dire la nature humaine, qu'il a montrée aux cieux après sa résurrection. C'est

ainsi que, nouvel Adam il a rétabli par son obéissance ce
que le premier avait perdu par sa transgression. Veut-on
encore se renseigner auprès de l'Apôtre sur la condition du
Seigneur, sur une hypostase physiquement unie à son auteur ? Voici en quels termes il résume sa doctrine sur ce
point, lorsque parlant *des voies impénétrables de Dieu le
Père et des mystères ci-devant cachés,* il dit : *De lui, et par
lui et en lui sont toutes choses.* Dans ces mots : *Par lui,* je
reconnais qu'il s'agit du Fils. J'ai lu en effet : *Par lui sont
toutes choses.* Il en est de même de l'expression : *En lui,*
car en lui furent contenus les premiers principes de tous les
êtres. Mais le terme : *De lui* se rapporte certainement au
Père, comme à l'auteur de toutes choses. Si l'en est ainsi,
et l'on n'en peut douter, comment auraient-ils raison ceux
qui confondent des choses distinctes, c'est-à-dire qui rap-
portent tout à une seule personne, alors que tout autre est
celui par qui sont toutes choses ? Autre, en effet, est le
nom engendré, autre l'unique engendré, sauf le tout autre
cas où l'on peut très bien dire : du Fils sont toutes choses,
si l'on considère qu'il est substantiellement dans le cœur
de celui de qui sont toutes choses, et aussi : par le Père
sont toutes choses, en raison de ce que le Père est toujours
en celui par qui sont toutes choses. Le Père, en effet, agit
par sa pensée ; le Fils qui est la pensée dans le Père exé-
cute ce qu'il voit. Ce n'est pas à dire pour cela que l'Apôtre ait émis une opinion erronée, mais il ne faut pas croire
non plus qu'il ait cru, comme on le voudrait, que par l'Incarnation, le Fils de Dieu est devenu ce qu'il n'était pas, et
qu'il était, en tant qu'Esprit, ce qu'il a cessé d'être, car ce
qui a toujours été ne peut pas ne pas toujours exister.

XIII. — 27. — Il faut donc suivre fidèlement la créan-
ce qui évolue avec peine sur un chemin étroit et malaisé,
bordé à droite et à gauche de précipices dont une fourberie
diabolique dissimule le danger, pour nous faire glisser dans
l'abime au moindre écart. En effet, si nous disons *un seul
Dieu,* à l'exclusion du terme de seconde personne, nous
approuvons la folie furieuse de ces hérétiques qui veulent
que le Père ait souffert. Si nous admettons la pluralité des
personnes avec division de substances, nous nous joignons

aux Ariens qui prétendent qu'un Dieu a été fait par Dieu et qu'une nouvelle substance divine a été tirée du néant. Il faut donc s'attacher, comme nous l'avons dit, à la règle de foi qui confesse que le Fils est dans le Père, que le Père est dans le Fils ; qui reconnaissant une seule substance en deux personnes, donne la notion exacte de l'économie du mystère dans la divinité. Donc le Père est Dieu et le Fils est Dieu parce que en Dieu le Père il y a Dieu le Fils.

Pour ne scandaliser personne, j'ajoute que l'Esprit procède de Dieu, d'autant que Dieu qui a une seconde personne dans le Fils en a une troisième dans le Saint Esprit. Le Seigneur n'a-t-il pas dit : *Je prierai le Père et il vous enverra un autre Défenseur.* Ainsi l'Esprit est autre que le Fils, de même que le Fils est autre que le Père. Ainsi il y a une troisième personne dans l'Esprit, comme il y en a une seconde dans le Fils ; tout cela ne forme qu'un Dieu : les trois ne font qu'un.

Voilà ce que nous croyons, voilà ce que nous tenons parce que nous l'avons appris des Prophètes. Voilà ce que les Evangiles nous ont enseigné, voilà ce que les Apôtres nous ont transmis, voilà ce que les martyrs ont confessé dans leurs tourments, voilà la foi qui est gravée dans nos cœurs, et si un Ange descendu des cieux nous annonçait le contraire, nous lui dirions anathème.

XIV. — 28. — Mais je me doute bien, maintenant que tout a été discuté et exposé au grand jour de l'opinion publique, qu'on va se servir du nom d'Hosius, ce très ancien évêque, d'une foi toujours si ferme, comme d'un bélier contre nous, pour briser l'audace de notre opposition. Mais à ceux qui dressent contre nous cette machine de guerre, je me contenterai de riposter en peu de mots. On ne peut se prévaloir de son autorité parce que ou bien il se trompe maintenant, ou bien il s'est toujours trompé. L'univers sait, en effet, quelle doctrine il avait professé jusqu'à ces temps-ci, avec quelle constance il l'a soutenue à Sardique et à Nicée et il a condamné les Ariens. Qu'importe s'il pense autrement aujourd'hui, si tout ce qu'il condamnait, il le défend et si ce qu'il défendait, il le condamne. Je le dis encore on ne peut m'opposer son autorité. Car s'il a pu se

tromper pendant près de quatre-vingt-dix ans, j'aurai peine
à croire qu'après quatre-vingt-dix ans, il pense comme il
faut. Si oui, que doit-on juger de ceux qu'il a baptisés dans
la même foi qu'il tenait alors et qui ont quitté ce monde ?
Que dirait-on de lui-même s'il était mort avant ce synode ?
Donc, comme nous l'avons dit plus haut, le préjugé de son
autorité est sans valeur, parce que cette autorité s'oppose à
elle-même. Aussi bien est-il écrit : *La justice du juge ne le
sauvera point le jour où il s'en sera écarté.* Amen.

NOTES

I. 1. *Zabolicae* forme accessoire de *diabolicae*. Ainsi v. g. dans Lactance, *de morte persecutorum*, 16. Sur l'origine de ce mot (satan - diabolus), voir A. Meillet, Les interférences entre vocabulaires.

2. *Sensibus*. Chez les poètes et à partir de la période d'Auguste, même en prose, sensus est employé pour *mens, ratio,* raison, intelligence, faculté de penser (Cf. Freund).

2. *Omnium fere sensibus occupatis*. St. Hilaire constate le même fait presque dans les mêmes termes :.... *Multis iam per omnes ferme Romani imperii prouincias ecclesiis morbo pestiferae hujus praedicationis infectis*, etc.... (*De Trinitate* lib. VI, N° 1). ·

6. *Karissimi* pour carissimi se trouve souvent dans les inscriptions.

7. *Sufficiebat enim conscientiae purae*. De là cet éloge de St Hilaire aux évêques des Gaules : « *Beatos in Domino et gloriosos qui perfectam atque apostolicam fidem conscientiae professione retinentes, conscriptas fides hucusque nescitis* (DE SYN. N° 63).

11. *Tractatus*. — On appelait ainsi les dissertations où des dogmes étaient largement exposés ou défendus à grand renfort de preuves et d'arguments.

12. *Conditionem*. — Dans la littérature ecclésiastique, quelquefois d'après la signification ordinaire de *condo*, création. Tertullien *Habit. mul.* 8. — De Spectac. 2 et passim, (FR).

12. *Descendimus*. — S'engager dans.... se construit avec ad.. se trouve souvent dans Cicéron et César (FR).

Conuenit. — Cf. Plaute, *Hoc non conuenit, me agrum habere.*

17. *Destruenda*. — C'est le conseil que donne Aristote (Lib I de Coelo, c. 10) : *Contrariorum probationes de contrariis dubitationes sint. Simul etiam magis erunt illa probabilia quae dicuntur, si aduersantium rationum momenta prius audierimus. Ita enim minus indicta causa condemnasse uidebimur.*

II. 1. *Perfidiae non fidei* — FIDES signifie une formule de foi orthodoxe et PERFIDIA, une formule hérétique. *Quidquid praeter fidem unam (Nicaenam) est perfidia non fides est.* (Hil. in Constantium. N° 24).

17. *In quo totus* — Cf. *Et bene qui dixit ipsum immensum Patrem in Filio mensuratum. Mensura enim Patris Filius, quoniam et capit eum* (Iren. lib. 4. c. 8)

20. *Fini obnoxius.* On peut objecter que les âmes, par exemple, qui ont eu un commencement n'auront pas de fin. Mais, qu'on veuille bien remarquer qu'elles ne sont pas immortelles de leur nature, mais par la volonté de Dieu.

3. 10. *Poculum mella commendant.* Cf. Lucrèce, (*De natura rerum. Lib.* IV :

> Ac ueluti pueris absinthia tetra medentes
> Cum dare conantur, prius oras pocula circum
> Contingunt dulci mellis flavoque liquore.

Dans la littérature ecclésiastique les exemples abondent, Jean Cassien, *de Incarnatione Christi*, L. 7. c. 6. — Thecdoret, *In proemio lib.* I. Haeret. Fab. — Vincent de *Lerins, in commonitorio* ch. 35 et 36. — Irénée, *Adu. Haereses* liv. III - c 19, — Vigile de Tapse, *Contra Eutychen* l. V. N. I.

34. *Quidquid de homine.* Cf. Hil. De Trin: IX: 5: *Hinc itaque fallendi simplices atque ignorantes haereticis occasio est, ut quae ab eo secundum hominem dicta sunt, dicta esse secundum naturae diuinae infirmitatem mentiantur.*

5. 18. *Deus aeternus,* etc. Ce texte ne se trouve pas, du moins sous cette forme dans la Vulgate. Pamelius, le premier éditeur de Tertullien où il est cité plusieurs fois comme dans Phébade, désespérant de pouvoir l'identifier, s'écriait : *Quaerat locum lector diligentior.*

6. 3. *Lucifuga serpens. Cf. Hil.* (*De synod.* n° 78) : *Antea in abscuro atque in angulis…, praedicabatur. At uero nunc publicae auctoritatis professione haeresis prorumpens, id quod antea furtim mussitabat, nunc non clam uictrix gloriabatur.*

14. *Dantes dexteras. Cf. Virgile.*

Dat dexteram atque animum praesenti pignore firmat.

Et S. Paulin (Poème XXIV. V. 13-14.

Tunc ambo nexi ad iuuicem dextras damus
In osculo pacis sacrae.

15. *Errantibus.* Cf. S. Paul, *Tit:* III: 3:

7. 5. *Substantia enim dicitur..* Le P. Petau (De Trin. lib. IV, c. III, r° 3) après avoir cité la définition de Phébade, ajoute : *Alludit ad usias etymon,* nempe usian dicit tanquam usan aei.

41. *A recto Euangeliorum limite.* Cf. Virgile. Georg. II. 278 S. Prosper d'Aquitaine p. 415.

17. *Nihil ergo in hoc uicabulo nonuum.* Cf. Tertull. *De Carn Christ.* c. 17 *Nihil nouum, nihil peregrinum deprehendo.*

21. *Uis uocabuli.* Cf. Tertull. (*adu. Prax* c. XXIII) *uim nominis.* Ambroise (De Fide III, 114.) *Non igitur uerbum sed uim uerbi fugiunt.*

34. *Filium Dei ante saecuia,* etc. — Ce sont les expressions mêmes d'Arius à son évêque Saint Alexandre. Cf. Athan. *De Synodis* n° 16. — Epiphan. *Haereses,* 69 — Theodoret. *Hist.* lib. I. c. 9, Gélase de Cysique. Hist. II. c. 33 — Hilarius, *De Trinitate* lib. IV. n° 12., etc.

9. 11. *Homines omni spe* etc. Cf. Hilarius: *Fragmenta* III. n° 30. *Homines spe omni bona uacui.*

35. *Per ipsam conceptus est.* Cf. Ambros. lib. IV n° 88 Filius Dei... sine matre secundum diuinam generationem..... natus est.

37. *Ex eo et cum eo et in eo.* — S. Phébade, comme d'ailleurs les autres écrivains ecclésiastiques orthodoxes ou hérétiques, fait très fréquemment appel à ce texte. On l'appliqua d'abord comme ici, aux deux premières personnes de la Trinité tant que la divinité du Fils fut seule en cause, puis aux trois personnes divines lorsque la polémique s'étendit à la divinité du Saint Esprit. — « Ces trois particules *de qui, par qui, en qui,* dit St Grégoire de Nazianze, ne divisent pas 'a nature divine, elles expriment la distinction, des personnes ; ce qu'on peut prouver évidemment par les paroles de l'Apôtre, pourvu qu'on les lise avec soin, puisqu'il attribue ces mêmes particules à une même divinité : *de qui, par qui, en qui, c'est à Lui qu'appartient la gloire dans les siècles des siècles.* (Sermons de Saint Grégoire de Nazianze, surnommé le Théologien, traduits du grec avec des notes, t. II. — Serm. xxxix, p. 247.)

41. *Ex eo ad auctorem.* Cf. Ambros. De Patre, p: 18.

50. *Cui qui bona pararentur.* Cf. Tertull. (*adu. Marcion* l. I. c. 4) : Interim mundus ex bonis omnibus constitit, totus praemonstrans quantum boni pararetur cui praeparabatur hoc totum.

10. 9. *Communionem uerborum.*— « Ariana impietas asserit quidem multa nobiscum iisdem nominibus, sed non iisdem sensibus. » (Faustinus, initio operis sui.)

36. *Qu: ignorantiam punit.* Cf. Rom. I. 18,19 et Ephes, IV, 18.

11. 40. *Haec est nativitas perfecta Sermonis.* (Tert. *Adu, Prax.* c. 27.)

41. *Principium sine principio.* C'est le mot de Platon dans Phèdre (245 d) archè d'agennêton. *Principii autem nulla origo.* Toute chose produite doit naître d'un principe et le principe ne naître de rien. (Traduction Cousin). Cf. Cicéron Tusc: I, 23:

51. *Deus Spiritus est et ex Deo natus est.* — Ce texte sous cette forme se lisait dans S. Jean (III, 6) et a été cité par plusieurs Pères notamment par Tertullien (*de Carn. Christi* c. XVIII). Les

Ariens auraient réussi à le supprimer. De fait il ne figure pas à cette place dans la Vulgate. Voir Dom Cellier. *Hist. des auteurs ecclésiastiques.* T. VII, p. 583.

12. 10. *Cur iubetur etc.* — Aequalis enim honor nonnisi aequalibus exhibetur (Vit. Vitens. De persecut. UAND. lib. III, c. III.

18. *Quidquid ergo detrahitur.* Cf. Vigile de Tapse (De *Trinitate* lib. V.) « Ignoras quia quod derogas Filio, hoc ipsum adimis Patri »

29. *Nec Filius enim Filius etc.* Cf. Ambros. (DE FIDE lib.I. n° 55) : Nec Filius sine Patre, nec Pater potest esse sine Filio. Voir aussiVigile de Tapse (op. cit. lib. V et XI), etc.

35. *Numquid obsequia etc.* — Il s'agit d'une soumission d'amour et d'un office de religion qui ne diminuent en rien la majesté de l'essence et n'ôtent point l'égalité. Cf. Hilar. DE SYNOD. N° 51 sur le 1er concile de Sirmium.

13. 17. *Merito major.* — Les Saints Pères ont donné du texte *Pater maior me est* plusieurs explications comme on peut voir dans Pétau. *De Trinitate liv.* II.

15. 2. *Ipse Dominus pronuntiaverit.* Cf. Tertull. (*De Carne Christi.* C. XVIII) : Ipse Dominus sententialiter et definitive pronuntiaverit.

33. *Quia uultis eum aliquando coepisse qui natus est.* Les Ariens identifiaient les termes engendré et créé parce que pour eux toute génération et non pas seulement la génération humaine emportait essentiellement l'idée de commencement ou de production contingente. (Cf. Dictionnaire de théologie, Vacant et Mangenot — Paris — Letouzey — *Arianisme col.* 1785.)

16. 30. *Non fuisse priusquam nasceretur.* Cf. lettre d'Arius à St. Alexandre.

51. *Qui uenturus est omnipotens.* « Omnipotens dicitur qui venturus est et quis est alius qui uenturus est nisi Christus. Filius Dei. ! » (Ruffin, lib. *de Symb.*).

18. 1. *Qui probaverit* — Cf. *Ambros. De Spiritu Sancto,* lib. III, n° 18) : Quando enim non fuit Dei uirtus ? Ouod si aliquando putant, non fuisse uirtutem aliquando plenitudinem in Deo neputant, non fuisse uirtutem, aliquando plenitudinem in Deo ne-

Ici Phébade réfute l'ereur d'Arius rapportée comme suit par Athanase : « Deus, inquit Arius, potentia quidem semper, sed effectu non semper Pater fuit : et antequam generaret non erat Pater, sed erat omnipotens Deus ». (Lib. de Unitate SS. Trinit.) L'argument de l'évêque d'Agen a été employé par un grand nombre de Pères notamment par St Alexandre d'Alexandrie dans une lettre rapportée par Theodoret (*Hist. eccl. l.* I. C. 1-4) : par S. Grégoire de Nazianze (Disc. XXXV), S. Ambroise (De Spiritu Sancto lib. III, n° 18, Vigile de Tapse (*De Trinitate* lib. V.), etc.., etc..

5. *Sed nec creatura ulla* — Cicéron in secundo academica-
rum quaestionum : Rerum natura non patitur ut non suo quoque
genere sit tale quale est.

20. *Is omnia autem habere debuit* — Arist. *Metaphysic*
lib. IV. c. 16. Unumquodque enim tum est perfectum, et omnis
substantia tunc est perfecta cum secundum propriae uirtutes spe
ciei, nulla decest pars eius magnitudinis, quam natura sua requi
rit... Perfectum est illud, extra quod non potest ulla accipi
particula.

20. 1. La question des Théophanies occupe une large place
dans la controverse arienne. Dans les deux camps on s'accordait
pour attribuer au Fils ces théophanies. Ici Phébade réfute les
ariens qui voulaient en tirer argument.

22. 14. *Nec aberat a cœlis* — Vigile de Tapse (*De Trinitate*
lib. XIJ Ariani dicunt Dei Filium non fuisse in cœlis apud Patrem
tempore quo inter homines uersaretur. Ego credo Deum Dei Fi
lium secundum suæ potentiam deitatis in coelo et in terra fuisse
incarnationis suæ tempore...

23. 9. *Ariomanitarum doctrina.* — Ce sobriquet donné aux
Ariens par quelques Pères de l'Eglise, Athanase, Grégoire de
Nazianze, Hilaire, Phébade, etc., est ainsi expliqué par Vincent
de Lérins : « Arianorum nouitas uelut quædem Bellona... quia
vero Ariomanita idem sonat quod Martio furore abreptus. »

11. *Facit ex Deo alterum Deum.* Nous aussi, disaient les
Ariens, nous sommes *ex Deo.* Et ils citaient à l'appui de leur af
firmation les textes de St Paul : Deus ex quo omnia (I Cor. VII:
- 6.) : Omnia autem ex Deo. (II Cor. V. 18,)

24. 5. *Scriptura respondente sensui suo.* Les hérétiques
étaient souvent accusés de tronquer et d'altérer les textes de
l'Ecriture. Cf. Tertull. *Liber de praescriptione* c. XVII : Haeresis
non recipit quasdam scripturas et si quas recipit, adiectionibus
et detractionibus ad dispositionem sui instituti : et si recipit integras et si aliquatenus integras praestat., nihilominus diuer-
sas espositiones commentata convertit. Voir, ibidem C. XXXVIII,
voir encore Epiphane *Hœreses*, 42.

24. 9. *Compassus est.* — Par le mot compassus les Ariens
voulaient faire entendre qu'il y avait duo patientes : homo as
sumptus et assumens Filius.

25. 22. *Non sonus uocis.* — Cf. Hilarius, (*De Trinitate*, lib. II.
c. 15) : an sit sonus uocis iuxta Hebionem ? Verbum hoc res
est, non sonus, natura non sermo, Deus non inanitas est.

26. *Christus, id est unctus.* Unctum audis ? Christum intelli-
ge. Christus enim dictus est a chrismate. Hoc nomen (ex Augus-
tino) quo appellatur Christus unctionis est. (Ruffino presbytero
ascriptus in Psalm. LXXV commentarius). Voir le dictionnaire
de théologie déjà cité, *verbo* Christ et celui de *Littré.*

25. 24. *Coipus enim Spiritus.* Phébade parle ainsi d'après Tertullien. « Tertullien, dit à ce sujet, dom Cellier, parle de la substance de Dieu et des anges, comme s'il l'avait crue corporelle et matérielle. Mais en examinant ses paroles, on voit que par le terme de corps ou de matière, il ne voulait dire autre chose sinon que Dieu est une chose vraiment subsistante et que les anges en sont une aussi, car il pose pour principe que le propre de la substance de Dieu est d'être esprit.... quand il dit que Dieu est corps, il ajoute qu'il l'est d'un genre qui lul est particulier, enfin sous le nom de corps, il comprend toutes sortes de substances soit corporelles soit spirituelles. » (*Hist. des auteurs ecclésiastiques*, t. II, p. 72, éd. de 1858).

Cette remarque du savant bénédictin s'applique aussi de tout point à S. Phébade. C'est ainsi, semble-t-il, qu'il faut interpréter le mot *corporaliter* dans le texte de S. Paul cité par l'évêque d'Agen : In ipso inhabitat omnis plenitudo diuinitatis corporaliter. (Coloss. II, 9.)

Cependant S. Augustin a réfuté comme une erreur cette théorie sur la prétendue matérialité de l'âme et de Dieu. (Voir dans Migne *de Genesi*, X, 25-26 ; XXXIV, 427-428. — *De haeresibus*, ch. 86, 92, 46-47).

C'est sans doute pour avoir mal compris Phébade, que les Lazaristes, au commencement du XVIIIe siècle, firent soutenir au Séminaire d'Agen, en présence de l'évêque, M. Hébert qui se laissa convaincre, une thèse dans laquelle l'auteur du *Contra Arianos* était accusé d'être tombé dans l'hérésie des Elcésaïtes. Le bon prieur de Saint Caprais, M. Labénasie, outré de cet attentat contre une de nos gloires les plus pures, composa un ouvrage pour réfuter cette thèse téméraire et, dans sa pensée, impie.

40. *Idem Spiritus Sermo et sapientia Dei est.* Avec Phébade, Hermas, Justin, Irénée, Tatien, Tertullien,, Lactance, Cyprien, Epiphane, etc., désignent sous ce nom *Spiritus* la nature divine commune aux trois personnes. De même Dieu est appelé Esprit dans Jean III et I Jean, IV.

26. 7. *Induerat... hominem.* Après l'hérésie de Nestorius on cessa d'employer cette expression.

22. *Seminum initia constiterunt.* C'est la théorie platonicienne reprise aussi par S. Augustin en ces termes : Singula igitur propriis sunt creata rationibus... rerum omnium creandarum creatarumue rationes in divina mente continentur (De Diui. quæstio 83, 9 ; 46, 2.)

30. *Dum in eo semper est.* — Cette inhabitation réciproque des personnes divines, appelée dans la suite par les théologiens *perichôrèsis* circumincessio, avait déjà été indiquée par S. Irénée : « Par le Fils, dit-il, qui est dans le Père et qui a le Père en lui-même, le Dieu *qui est*, s'est manifesté. (Adu. Haeres. III. 6, 2.)

La même idée a été admirablement développée et complétée par S. Grégoire de Nisse. (Migne, P. G. XLV, 125.)

37. *Filium Dei secundum carnem factum esse quod non erat*. — « Après l'Incarnation, dit S. Cyrille d'Alexandrie, le Verbe est précisément celui qu'il était avant. » (Mignie, P. G. LXXVIII, 236.)

27. 7. *Haeresis quae adserit Patrem passum*. — Il s'agit ici de l'hérésie Sabellienne ou Patripassienne. *Illos uero qui dicunt Patrem et Filium et Spiritum Sanctum eumdem esse, tria haec nomina de una eademque re ac persona impie accipientes, merito ab Ecclesia praescribimus ; eo quod Patrem qui nec comprehendi, nec pati potest, comprehensioni et passioni per incarnationem subjiciant ; cuius modi sunt apud Latinos Patripassiani, apud nos Sabelliani vocantur*. (S. Athanase, de Synodis, n° 26.)

28. 16. *Quid de his opinandum est*. — S. Athanase (*Lib. de Synodis*, N° 4), se sert d'un raisonnement analogue. « *Quod i ex Illorum (Arianorum), sensu a praesenti consulatu (quo signata fuerat Ariminensis formula) fides habet initium, quid acturi Patres sunt et beati martyres ? Imo quid illi ipsi facient erga eos qui a se in Christiana religione instituti, ante hunc consulatum dormierunt ?*